**Conversas sobre
a Formação do Ator**

Coleção Estudos
Dirigida por J. Guinsburg

Equipe de realização – Tradução: Nathalia Safranov Rabczuk; Revisão da tradução: Nanci Fernandes; Edição de Texto: Marcio Honorio de Godoy; Revisão: Jonathan Busato; Sobrecapa: Sergio Kon; Produção: Ricardo W. Neves, Sergio Kon e Raquel Fernandes Abranches.

Jacques Lassalle e
Jean-Loup Rivière

**CONVERSAS SOBRE A
FORMAÇÃO DO ATOR**
SEGUIDO DE APRÈS **(DEPOIS),**
PEÇA DE JACQUES LASSALLE

PERSPECTIVA

Título do original francês
Conversations sur la formation de l'acteur
© Actes Sud/CNSAD, 2004

Dados Internacionais de Catalogação na Publicação (CIP)
(Câmara Brasileira do Livro, SP, Brasil)

Lassalle, Jacques, 1936- .
Conversas sobre a formação do ator: seguido de Après (Depois), peça de Jacques Lassalle / Jacques Lassalle e Jean-Loup Rivière; [tradução Nathalia Safranov Rabczuk e Nanci Fernandes]. – São Paulo: Perspectiva, 2010. – (Estudos ; 278 / dirigida por J. Guinsburg)

Título original: Conversations sur la formation de l'acteur.
ISBN 978-85-273-0886-1

1. Arte dramática 2. Atores 3. Teatro 4. Teatro – Estética I. Rivière, Jean-Loup, 1948-. II. Guinsburg, J. III. Título. IV. Série.

10-02374   CDD-792

Índices para catálogo sistemático:

1. Arte dramática: Teatro   792

Direitos reservados em língua portuguesa à
EDITORA PERSPECTIVA S.A.

Av. Brigadeiro Luís Antônio, 3025
01401-000 São Paulo SP Brasil
Telefax: (011) 3885-8388
www.editoraperspectiva.com.br

2010

Sumário

PARTE I
CONVERSAS

PRIMEIRA CONVERSA................................. 3

Encenar é ainda ensinar. Fazer teatro com aquilo que é recusado pelo teatro. O domínio da língua…

SEGUNDA CONVERSA 19

O fim pedagógico? A escola, o mestre zen e o mercado. Artes do espetáculo e *performing arts*…

TERCEIRA CONVERSA................................ 35

Ensinamento direto e indireto. O ator racional e o ator instintivo. A descontinuidade do progresso…

QUARTA CONVERSA 49

O gesto exato. A observação, o realismo, a iniciação. O corpo devorador…

QUINTA CONVERSA 61

Saber reinterpretar. "O instante decisivo." O artista, a criança, a escola...

SEXTA CONVERSA 81

A matidez. O ator adesista, o distanciado ou o complexo.
A relação com o espectador...

SÉTIMA CONVERSA.................................. 93

Depois da escola. A revolta dos intermitentes do entretenimento. Ser ator: quem decide sobre isso?...

PARTE II
DEPOIS, de Jacques Lassalle

PREFÁCIO.. 111

Primeira Jornada
Sexta-feira, 22 de abril de 1960:
A NOTÍCIA

1. Andrômaca..................................... 115
2. A Prova 119
3. A Place Royale 125
4. A Aula Enfurecida 128
5. A Chegada do Soldado 133

Segunda Jornada
Segunda-feira, 2 de maio de 1960:
FAZENDO SERÃO

1. Uma Noite para Francisco 135
2. O Espetáculo................................. 137
3. A Aparição de Sara........................... 139
4. O Filme de Bernardo.......................... 139

Terceira Jornada
Quinta-feira, 12 de maio de 1960:
ENCONTROS

   1. O Projeto das Três Irmãs........................143
   2. A Iniciativa de Suzana.........................150
   3. Sara e Francisco...............................155

Quarta Jornada
Quarta-feira, 8 de junho de 1960:
O GRANDE DIA

   1. Os Bastidores do Concurso.....................159
   2. A Volta dos Candidatos........................160
   3. Questões do Futuro............................163
   4. A Decisão de Sara.............................166

NOTA..175

Jacques Lassalle e Jean-Loup Rivière, os interlocutores destas conversas, têm, como principal campo de trabalho, respectivamente o palco e a escrita teatral.

O primeiro, encenador, foi professor de interpretação no Conservatório Nacional Superior de Arte Dramática (CNSAD) de 1981 a 1983 e de 1994 a 2001.

O segundo, professor na Escola Normal Superior – Letras e Ciências Humanas, dirige um ateliê de dramaturgia no CNSAD desde 2002.

Cécile Falcon, normalista e assistente de Jacques Lassalle, participou destas entrevistas, gravando-as e transcrevendo-as. As mesmas foram revisadas em seguida pelos dois intervenientes, que lhe agradecem com entusiasmo.

Parte I

CONVERSAS

Primeira Conversa
28 de maio de 2003

A TRADIÇÃO TEATRAL. DICÇÃO E DECLAMAÇÃO.
ENCENAR É AINDA ENSINAR. FAZER TEATRO COM AQUILO
QUE É RECUSADO PELO TEATRO. O QUE ESTÁ NA ORIGEM
DO ATO DE ENSINAR. O MESTRE PATERNAL E O MESTRE
FRATERNAL. O OUTRO DO TEATRO. APRENDER A
DESDOBRAR. O AMOR À LÍNGUA. ATUAR É REESCREVER.
APRENDER A DESAPRENDER. A TRAVESSIA DO PALCO.

JEAN-LOUP RIVIÈRE A escola supõe a transmissão, e a transmissão supõe um conjunto de saberes e técnicas que uma tradição reuniu. Há saberes e técnicas relativos à arte do jogo teatral, mas, no Ocidente, não há que se falar propriamente em tradição.
JACQUES LASSALLE Houve.
RIVIÈRE Sim, há muito tempo, e um dos únicos exemplos que pudemos conhecer foi quando Strehler montou *O Arlequim*, de Goldoni. Era ao mesmo tempo uma encenação da tradição – sua reconstituição – e uma obra que marcava seu desaparecimento.
LASSALLE A aposta era, em uma encenação contemporânea da obra, introduzir aquele Arlequim que nos vinha do famoso Sacchi, um Arlequim do século XVIII. Quem ainda desempenha o papel do Piccolo, Ferrucio Soleri, tem 73 anos. Ele não tinha nem trinta anos quando sucedeu seu mestre Marcello Moretti, que havia ele mesmo recriado o papel no espetáculo de Strehler. Ao final da representação, quando Soleri retira sua máscara, descobre-se a face de um homem idoso. Isto faz lembrar o filme de Max Ophuls, *O Prazer*. Um dançarino mascarado cai e, sob a máscara, descobre-se um homem muito

velho. A tradição é um pouco assim. No momento em que se redescobre o seu esplendor é que se percebe que ela está a ponto de morrer.

RIVIÈRE Ou já está morta... Não existe tradição no sentido de que aquilo que um mestre ensinaria a seu aluno é um conjunto de saberes e técnicas codificados e, sobretudo, partilhados.

LASSALLE Conheci uma tradição muito forte quando eu era um jovem aluno no conservatório. Era a tradição da dicção. As obras de Georges Le Roy, mestre cujo ensinamento era seguido por Henri Rollan, eram extremamente precisas. Essas obras não deixavam nada ao acaso na categoria de oralidade dos textos. Aliás, elas existem para sempre. São obras que ainda têm muito bom uso. Formavam o corpo doutrinal da tradição do ator francês. Porém, influenciavam apenas a gestão do texto, com uma grande atenção ao estilo do autor e ao gênero da obra (tragédia, comédia, drama...). O ator francês, em certa perspectiva, estava sem corpo, sem parceiro, sem espaço, mas era um grande declamador.

RIVIÈRE Não se ensinava então o jogo teatral, mas a declamação, e tratava-se antes da reprodução de um bom costume...

LASSALLE No interior da declamação, cada papel era modelado. Mas a modelagem era feita unicamente na organização do dizer. "Eis como se diz Figaro", "Eis como se diz Fedra". E, com efeito, chegava-se a um resultado unicamente através de métodos declamatórios. Esta tradição era muito forte quando ingressei no conservatório. Aliás, grandes tradições ainda são ensinadas. O nô, o kabuki, a ópera chinesa sempre fascinam muito os ocidentais. Stanislávski, Meierhold, Brecht propõem métodos de atuação que continuam sendo referência no mundo todo. E muitos dos pedagogos têm a intenção de se considerar apenas pedagogos de transmissão. Eles aceitam apenas uma margem muito reduzida de reapropriação ou reatualização.

RIVIÈRE Na sua posição de pedagogo, o exercício da arte e a transmissão podem ser vistos como distintos?

LASSALLE Na verdade, mais ou menos conscientemente, parto de três condições prévias. Primeiramente, jamais pude ler por inteiro um livro de doutrina teatral; isso foge ao meu controle. Acontecia de eu folhear com interesse esta ou aquela página de Stanislávski, Meierhold, Jouvet, Le Roy ou Dullin. Por mim mesmo, tive um grande prazer com Lessing, Diderot, Artaud, Brecht, mas esses são escritores que me fascinam. De modo geral, contudo, faço pouco uso dos manuais de formação do ator. Eles me aborrecem. Em segundo lugar, ensinar já é encenar; encenar é ainda ensinar. Não dissocio os dois atos: a encenação e a formação do ator. Nenhuma técnica de ator preexiste na singularidade de um texto, de sua leitura e de seu futuro cênico. A terceira condição prévia é que faço teatro somente com aquilo que, aos olhos dos outros, poderia ser recusado pelo teatro: o comum, o banal, o imediatismo da vida; ou aquilo que não é teatro, como o romance, o filme, a memória pictórica.

Posso parecer estar assumindo uma atitude cômoda de um autodidata que trabalharia com a recusa das tradições teatrais. Na realidade, não é verdade. Recebi no conservatório uma formação tradicional na qual meus mestres desejavam ser somente transmissores de modelos, de usos, de técnicas. Essa formação que recusei, que achava esterilizante ou muito confortável, eu a usei depois como ferramenta. E quando trabalho a partir de um texto, convido os atores a redescobrir primeiramente o fraseado, o ritmo, a respiração, o movimento. Como me sacrifiquei muito durante minha formação teatral no estudo das grandes doutrinas estéticas, esta recusa que faço do livro, e do referente, é apenas relativa.

RIVIÈRE Seu segundo ponto qualifica o encenador como um professor de teatro. Partimos da questão da tradição e chegamos ao ponto de dar-lhe um sentido um pouco mais geral: será que isto preexiste em mim e me determina? E o senhor diz que isso que preexiste e determina o ato do ensinamento não é um corpo de doutrina, de saberes constituídos, como se costuma dizer: "corpos constituídos", não é qualquer coisa, é o texto.

LASSALLE O texto, ou mais exatamente a minha reatividade ao texto.

RIVIÈRE Quem pode então ser professor de teatro? O ator está em situação mais adequada para ser professor?

LASSALLE Ele pode sê-lo, mas na maior parte do tempo o está sob o ponto de vista da transmissão. Na verdade, quais são os atores que estão suficientemente amadurecidos frente a uma tradição para assumi-la, desconcertá-la e reformulá-la de outra maneira? Muito poucos. Mas isto não impede que um trabalho de transmissão artesanal, modesto, inteiramente referencial, tenha de ser aceito integralmente. No conservatório, havia no início atores reivindicando igual tradição para todos. Eles transmitiam a tradição da arte do ator e do sistema de usos segundo o qual a categoria teatral comportava uma dúzia de grandes figuras arquetípicas às quais sempre se recorria. Muito antes de se encenar Sganarelle ou Figaro, encenava-se um criado de comédia, antes de encenar Célimène, encenava-se uma cocote... A partir do trabalho é que se construía a personagem. O julgamento apoiava-se na capacidade de conformação com o modelo proposto. Qualquer tentativa de reapropriação pessoal gerava espanto, entrava em desacordo. Substituir "sem preparação" um ator não causava problema. Diziam-nos: "No seu trabalho, você tem que conhecer de cor ao menos uma dúzia de personagens". O pressuposto era que a encenação somente deveria posicionar-se em um cenário genérico com fundo de tecido de linho pintado. O ator era uma espécie de artesão a seu modo, que polia seu personagem no segredo de seu *gueuloir*[1], e se prestava à aventura coletiva da representação assim que a cortina levantava. Cada qual tirava partido desse abandono e esse sistema não causava escândalo. Hoje em dia isso ainda ocorre, aqui e ali, no sentido de que certas "reprises" de personagens acontecem dessa maneira.

RIVIÈRE   No fundo, o encenador seria um mestre paternal, e o ator um mestre fraternal. O mestre indica, é enigmático, eventualmente silencioso. O irmão explica, aconselha, ensina. O pai incita. O irmão reconforta.

LASSALLE   O irmão pode também ser áspero, e o pai benevolente... Creio que há espaço para as duas pedagogias: a da transmissão e a da descoberta. Na primeira, se está no espaço da certeza; lá, considera-se como suspeito aquilo que se sabe, faz-se uso circunstancial da baliza provisória. "Eu não me apoio naquilo que sei. Parto do desejo que tenho de ir à descoberta daquilo que eu não sei, ou, mais exatamente, daquilo que sei sem saber que o sei."

---

1 Termo francês cuja origem remonta a Flaubert e se refere ao seu espaço privado de criação pessoal (N. da T.).

RIVIÈRE   Pode-se dizer a seu aluno: "Você veio aprender alguma coisa de mim e eu te digo que não sei nada"? Pode-se dizer as coisas com tal brutalidade?

LASSALLE   O pintor Rouault dizia: "O melhor mestre é aquele que for menos professor". Eu diria mais: é aquele que convida a partilhar com ele um pouco mais que a dúvida: a ignorância. Há algum tempo, passei ao largo dessa dúvida radical, dessa animosidade ante um saber de teatro, sua vaidade, suas falsas aparências, sua arrogância. Todo texto é um enigma; toda encenação uma pesquisa, toda direção de ator uma aceitação partilhada do desconhecido. Cheguei a recrutar atrizes de cinema, belas, conhecidas, admiradas, e foi necessário que nos separássemos porque, inaptas para a experimentação teatral, elas só conseguiam subsistir à sua imagem. Somente um grande ator é capaz de renunciar a si mesmo, de renegar a imagem que os outros têm dele. Mas renunciar à aparência da cena para atender ao ser do personagem exige um grande conhecimento, uma grande experiência de teatro.

Ante os alunos não procedo de outra forma, porém começo prevenindo-os: "Para vocês aprenderem progressivamente a aceitar que deve desaparecer o ator que existe em vocês, mesmo assim vou convidá-los primeiro a tornarem-se verdadeiros atores, depositários de uma verdadeira técnica, de um verdadeiro saber no tocante à história do teatro, suas formas, reformas, evolução, revolução. E em seguida eu os convidarei a tudo esquecer". Nos primeiros tempos, eu ainda estava sob a influência de Rosselini, Zavattini, do primeiro Fellini, do *Toni* de Renoir, em suma, do chamado neorrealismo italiano. Em Vitry-sur-Seine, então, trouxe para trabalhar caminhoneiros, professores de educação física, contabilistas, para interpretarem personagens de Marivaux, Goldoni ou Shakespeare. Havia momentos impressionantes, momentos de explosão entre o ser daquelas pessoas e a ficção das peças, porém o mais frequente era um déficit terrível de projeção, de ritmo, contrastes e tensão sustentada. Foi nesse momento que o jovem ator que eu era, que tinha recusado ao mesmo tempo a formação que tinha recebido e aquela que tinha imaginado incorporar, redescobriu, pelo lado negativo, a necessidade de uma arte do ator.

Hoje em dia, toda vez que me deparo com as situações em que ocorre essa contradição entre o conquistado e o renunciado, percebo que sou muito injusto na avaliação que faço de certos atores. Sua virtuosidade, sua maestria provoca em mim uma estima forçada mas, ao mesmo tempo, eu não saberia desafiá-los, já que em última análise eles só me falavam de teatro. Os únicos alunos e, depois deles, os únicos atores que me ficaram na memória, decididamente, ao longo de todo seu percurso de solidão, de incerteza – é terrível a existência do ator, tão dependente da aprovação dos outros, da ideia que os outros têm de você –, são os atores que me falam de outra coisa para além do teatro, mas que me falam sobre teatro. Esses são os únicos que eu adoraria ajudar a fazer nascer. Pode ocorrer de eles aprenderem o que não sabem. Eles me fazem aprender aquilo que não sei mais. Eles me lembram "o fulgor da hesitação", como dizia Matisse. Eles aceitam que tudo se passa no calor da noite, de surpresa, por choque, como manifestação de ternura ou, se necessário, por desacordo. É por isso que ainda nos dias atuais, assim que vejo uma escola de teatro surgir com um programa, diretrizes, empenho nos resultados e, na fachada, uma frase bem elaborada, fujo. Mesmo com a consciência de ter, eu também, algo a transmitir, isso não muda o meu percurso.

RIVIÈRE   A propósito de seu terceiro ponto, parece-me que o senhor aponta aquilo que, da mesma maneira em que pode ameaçar o teatro, também o constitui. O que faz a especificidade desta arte é que ela está integralmente habitada, eu diria até que é "constituída" por outra arte que não ela própria – o que não é o caso da música ou da pintura. Um músico pode ignorar a pintura, a literatura etc., mesmo sendo músico formado, um pintor pode ignorar a música ou a literatura etc. Um artista de teatro, não. Outra arte que não o teatro informa a arte do teatro. A maior parte do tempo quem a informa é a literatura, mas pode ser a música ou a pintura... Vê-se isso muito bem quando se examina a obra dos grandes pioneiros da encenação: Craig e a gravura, Appia e a música, Copeau e a literatura etc. De que maneira, num gesto de ensinamento, pode-se investigar esse outro do teatro que faz o teatro?

LASSALLE   É verdade que as outras artes para além do teatro não cessam de informar o teatro. Contudo, em última análise, será que o teatro faz outra coisa a não ser ele mesmo? A identidade última do teatro não seria desembocar em alguma coisa na qual seria ele, o próprio teatro, o objetivo, mas principalmente transcender as contribuições recebidas? Seria preciso separar este núcleo duro. Sonha-se com um teatro desobrigado de todos os teatros antes dele, porém, ao mesmo tempo, isso é impossível. Sonha-se com um jovem ator que não teria nenhuma conta a ajustar com seus antecessores, e ao mesmo tempo, para favorecer a vinda desse ator, é preciso pedir-lhe emprestada a voz de todos os que o precederam. Trata-se da questão de uma memória que não seria nem nostálgica e passadista nem vingativa e polêmica, mas aberta à experiência do passado. Quanto mais se avança na sua história e na sua prática, mais se sabe que não se pode negar essa dialética.

RIVIÈRE   Na medida em que o elemento que preexiste ao ensinamento e no qual ele se funda é o texto a ser trabalhado com os alunos, já lhe ocorreu pensar que há textos que são, nessa situação específica, "maus textos"? Textos que não são adaptados à juventude ou à imaturidade artística dos alunos? Textos que viriam cedo demais? Todo texto de teatro que o senhor tem vontade de trabalhar com os atores se constitui num bom objeto de trabalho para alunos em formação?

LASSALLE   Será que existem textos mais especialmente indicados aos ciclos de iniciação, de aperfeiçoamento, de suficiência? Não estou certo disso. A progressividade na arte não é evidente. Talvez seja melhor começar logo pelo estudo de Rembrandt do que pelos esboços em papel quadriculado do método ABC. Minha única certeza é que é preciso partir da literatura dos textos. Lê-los ao pé da letra. Esquecer aquilo que décadas de comentários (literários, cênicos, ideológicos) acumularam a seu respeito. Eles embaralham ou modificam a orientação de nossas primeiras leituras. É preciso ter lido diversas vezes um texto ao nível das palavras, sem prejulgar nem ter prévia intenção, para começar a descobrir sua verdadeira eficácia. E percebe-se rapidamente que o prazer do leitor, hoje, será o livre uso, amanhã, do ator começando com a polissemia da escrita, a proliferação e a ambivalência de suas significações, suas contradições aparentes, seus sentidos incompletos, seus jogos de eco entre as sonoridades, os intervalos, os silêncios.

Para tanto, sempre convido os jovens atores a retornar à inocência, à proibição de uma primeira vez. Eles adoram que se lhes dê segurança. Esperam de você um saber estrutural. E no caso de uma disciplina de ensinamento em que se distingue "a aquisição dos saberes", o aluno estaria no direito de exigir isso de seu professor. Mas falo aqui de um aluno-ator, de um artista em transformação, e isso é uma coisa totalmente diferente.

RIVIÈRE Concretamente, para o senhor, quais são os textos de teatro que têm essa riqueza polissêmica?

LASSALLE São os textos em que se alternam as figuras perceptíveis, como a metáfora, a elipse, a lítotes, o paradoxo, a reiteração, o efeito repentino de ruptura. Falou-se muito dos efeitos do "subtexto", da "subconversação", mas trata-se ainda do texto escrito ou não. O que mais me ocupa é o "entre as palavras", os efeitos de passagem, do deslize de um pensamento, um sentimento, de uma vontade hesitante a outra. Um grande texto está contido também nos seus espaços em branco. Escrever é transfigurar esses espaços em branco. Atuar é habitar esses espaços em branco. Recordo-me de uma citação de Sarraute: "O que escapa nas palavras é aquilo que as palavras devem dizer". Os grandes textos dos quais falo são esses, os que fazem do vazio de ideias o seu lugar no inefável, no inominado, no inominável, os que não pretendem tratar a fundo tudo aquilo que pode ser dito. A polissemia no teatro é em primeiro lugar o lacônico, a abertura do falado.

RIVIÈRE Quando o senhor fala dos textos que tratam a fundo aquilo que é dito, o primeiro nome que me vem ao pensamento é Genet, o teatro de Genet.

LASSALLE Sim, seu teatro, e não as suas narrações ou sua correspondência.

RIVIÈRE Efetivamente, mas aquilo a que quero me referir não diz respeito de modo algum à qualidade própria, à qualidade estética do texto, é antes de mais nada a sua complexidade. Certos textos de teatro conformam-se ao caráter efêmero e único da representação, e poder-se-ia dizer que sucumbem na unicidade de sua manifestação teatral. E acho que é um elemento muito importante no aprendizado, pois leva a medir o grau de complexidade de um texto. Isso é muito difícil de definir, pois não sei quais são os elementos objetivos, ou objetiváveis, que poderiam medir esse grau. Para retomar o exemplo de Genet, parece-me que uma encenação de *O Balcão* pode ser melhor que outra, mais justa, mais brilhante, porém, com exceção de uma deficiência catastrófica na interpretação, toda peça vai estar sempre lá, de forma que até uma interpretação medíocre de *O Misantropo* pode desdobrar-se em novos aspectos, inesperados, ainda despercebidos. E, ainda uma vez mais, isso não quer dizer que *O Balcão* seja uma peça pior ou menos interessante que *O Misantropo*. Há uma expressão de Pitoëff de que gosto muito: ele diz que encenar é "desdobrar". Quero simplesmente dizer que há peças que são mais "dobradas" que outras. Seria preciso talvez manter essa expressão de "dobradura", pois ela permitiria evitar qualquer julgamento de valor. E uma das missões do ensino seria, antes de mais nada, observar a dobradura de uma peça, depois aprender a desdobrar... Cito um encenador, e sem dúvida não é por acaso: creio que a arte da encenação tem estimulado consideravelmente a força dos textos dramáticos. Sem dúvida há peças que tiveram que aguardar a arte moderna da encenação para que se manifestassem todas as suas potencialidades. Por exemplo, acho que as peças de Racine são muito pouco "dobradas" e que um espectador do século XVII, sem dúvida, não assistiu a uma Fedra ou a uma Berenice menos rica que um espectador do século XX, enquanto que Goldoni, por exemplo, parece-me ser um autor que só apareceu em toda sua riqueza na era da encenação. Goldoni é bastante "dobrado", e é preciso a arte da encenação moderna para tornar aparente a sua complexidade. O Goldoni que conhecemos é talvez mais interessante que aquele encenado no século XVIII, e nosso Racine, não... Eu me arrisco um pouco, e estou certo que me dirão que Racine é muito mais "dobrado" do que se crê, e Goldoni muito menos... Mas estou convencido de que há alguma coisa de preciso, de explicável e, talvez – uma investigação mais avançada o mostraria –, alguma coisa que pertence à própria natureza do texto dramático. E, para voltar à sua objeção, o que digo sobre Genet é, evidentemente, válido para suas peças.

LASSALLE   *Le Funambule* (O Equilibrista), por exemplo, para continuar com sua imagem, é um texto dobrado. Suas peças o são menos, ou não o são absolutamente. À exceção talvez de

Bagne (Colônia Penal), mas na sua versão de roteiro e não da peça para o teatro, aliás inacabada.

RIVIÈRE O senhor chegou a trabalhar com os alunos algum texto que não tinha vontade de encenar?

LASSALLE Certamente, pois há demandas de alunos que me perturbam e que, em um primeiro momento, estou apenas curioso de acatar. Penso, por exemplo, naqueles que preferem empenhar-se na *Antígona* de Anouilh do que naquela de Sófocles. É preciso, então, começar por um exercício de leitura comparada, compreender aquilo que seduz aqui e ainda o que repugna ali. A questão da tradução, da intimidação pela história grega e seus mitos, do hábil auxílio da atualização para nossos dias. Quando retornei ao conservatório em 1994, encontrei uma classe cujo professor anterior tinha paixão por Claudel. Os alunos ainda estavam sob o golpe de uma verdadeira transferência. Isso acontece algumas vezes, e não ocorre sem risco. O que me interessa em Claudel é o realismo, a busca mística, sim, mas num mundo singularmente ancorado em fins do século XIX. Personagens humanos, bastante humanos, por vezes derivativos. Em suma, o céu e o inferno de um colonialismo tomado pela graça. Ora, fui convidado para uma celebração relativa exclusivamente à linguagem desse teatro. Desconfio do encanto literário, do lirismo desbragado, das celebrações musicadas e conflitos. Chega-se à beleza, à força poética de uma obra questionando-a, desarticulando-a se for preciso, falando-a em todo caso, ao invés de recitá-la de forma monótona. Mas naquela ocasião, aprendi ainda assim a conhecer melhor, a apreciar melhor Claudel.

Raramente tenho atividades encomendadas no teatro. Prefiro partir do desejo, do apelo de tal ou tais obras. Às vezes me engano. A obra se revela menos substanciosa que a expectativa que se tinha dela. Falo da minha expectativa. Mas tem-se o direito de conter esses alunos? Não penso mais nisso. No começo, eu chegava a considerar com condescendência certos autores. Durante os anos de 1960, brechtianos, e os anos de 1970, Artaud-Mao, a moda era o anátema, os sarcasmos e as exclusões. Será que sempre consegui manter-me em guarda? Na minha juventude era o contrário: eu tomava *L'Oeuf* (O Ovo), de Félicien Marceau, e *Tim-tim*, de Billetdoux, como obras capitais. Havê-las escolhido no conservatório conferia-me um *status* de original e moderno. Retrospectivamente, obtive o reconhecimento dos meus professores, que mantiveram vivas as minhas paixões, mesmo aquelas que deviam revelar-se ilusórias. É que se faz necessário encontrar seu lugar no gosto de seus alunos e fazer obra de pedagogia a partir mesmo de seu desejo, por inflexão, desenvolvimento, comparação, anexações sucessivas. Longa caminhada que não deve jamais ser forçada. Revelação doce, longe de qualquer espírito de doutrina e de intimidação dogmática.

RIVIÈRE Voltemos à "fetichização" do literário, que nos remete ao primeiro momento de nossa conversa. Houve uma época em que a única coisa ensinada era dicção e declamação: aprender a atuar era aprender a dizer. Depois, a partir do começo do século XX, com a encenação moderna, o aprendizado da interpretação torna-se muito mais completo, e se desenvolve especialmente o trabalho corporal. Ora, estamos num momento em que essa tradição desapareceu e em que a declamação retorna sob outra forma. Eu ouvi um dia um jovem encenador dizer: "Vou montar tal peça de Racine 'a partir da língua'". O que isto quer dizer? Esta fetichização do literário surge como um amor histérico da língua, e poder-se-ia compreendê-la no sentido que Lacan lhe dá: o histérico busca um mestre sobre quem reinar. Ora, não se reina sobre a língua, é ela quem dirige. Encontra-se outro sinal nesta expressão que se tornou corrente: "apoderar-se de um texto", um ator "apodera-se" de um texto. Poder-se-ia preferir que fosse o inverso… Há vários anos, quando eu era produtor na France-Culture, tinha acompanhado Alain Cuny em seu desejo de gravar uma leitura integral de Fedra. Ele fazia todos os papéis. A interpretação era magnífica e a dicção do verso admirável. Ao final da gravação, perguntei-lhe como e onde ele havia aprendido. Jamais, e em lugar algum… Ele tinha razão. Se o gosto e a vontade o levam através da língua, então você sabe ler. De modo que, se aprendemos a falar sem que ninguém nos ensine – a escrita se ensina, não a palavra, basta viver em sociedade –, igualmente dever-se-ia aprender a dizer sem um professor, e aprender unicamente com a vida, na companhia dos textos. Todo mundo é como santo Agostinho, que aprendeu a falar unicamente com sua inteligência...[2] Se os elementos técnicos lhe fazem falta, alguns dias, alguns conselhos e alguns princípios gerais serão suficientes para você assimilá-los. Ora, na maior parte das escolas de atores, trabalham-se horas e meses na dicção. Talvez seja algo que se poderia suprimir...

LASSALLE Se ler já é escrever, representar é reescrever. É escrever novamente o texto, embora ele já esteja fixado na página. O texto permanece uma invariável, mas cada uma de suas passagens, no palco, modula sua percepção sem mudar a letra. O pedagogo, assim como a seguir o encenador – mas eu disse o quanto me era difícil distingui-los absolutamente –, ajuda o ator a penetrar os segredos de uma escrita, a reconhecer o processo e os modos de fabricação. Não há nesse domínio uma teoria prévia. Cada ator suscita uma aproximação e uma técnica particular de interpretação. Alguns explicam que se Racine traiu Molière era porque ele tinha adquirido a convicção de que a estética do natural pregada em *O Improviso de Versailles* não convinha a esses textos. Ele não dava conta o suficiente no que dizia respeito à sua musicalidade. Sem dúvida, do seu ponto de vista de poeta ele tinha razão. Talvez a escrita raciniana, assim como outras, antes e depois dela, clamavam pela intrusão do cantado no falado. É como o ovo e a galinha. Quem começa, a música ou o sentido? De minha parte, é primeiro do sentido que nasceria a música, mas a questão continua, e ela se contenta com respostas mais conjunturais do que teóricas. Inversamente, é possível que um texto meticulosamente detalhado, analisado, perca um pouco de sua inteligibilidade. Por vezes, a pressa faz sentido, a lentidão nivela e obscurece. Vilar não gostava de Racine e amava apaixonadamente Corneille. Mas ele adorava Casarès, e deu-lhe o papel de Fedra. Ambos desviaram-se do caminho. Cuny (Teseu) chegou, e, como o senhor disse, era luminoso. Todos os mestres da pronúncia raciniana estavam equivocados. Um grande texto está sempre novo. Ele se reescreve na explosão que produz cada vez que sua originalidade tem intersecção com uma

---

2   "Eu aprendi totalmente sozinho, com a inteligência que Tu me deste, meu Deus." *As Confissões*, livro I, VIII, 13, Paris: Gallimard, p. 790 (Biblioteca da Plêiade).

época, um lugar, intérpretes, um público. O efêmero da representação não acarreta isso no texto. Ele não perde nada por ser mecanicamente reproduzido de livro em livro. A captação do outro, tão comovente, tão legítima quanto possa parecer, propõe quase sempre uma memória superficial, lisa, incompleta, parcial, em uma palavra ilusória. "Eu reproduzo, logo suprimo." Não restará nem ao menos um texto que faça jus à qualidade de clássico, caso sua capacidade de reagir ao tempo da História não for menor do que aquela que lhe escapa.

RIVIÈRE   Eu gostaria de retornar à sua ideia de desconfiança, quanto ao saber, e da tarefa do mestre, que seria a de inspirá-lo. Um aluno ainda tem pouco conhecimento. Como colocar em dúvida algo que ainda não está lá, que não existe? Se se é incomodado pelo saber, pode-se descartá-lo. Se se é perturbado pela ignorância, é preciso livrar-se dela também. A ignorância tem um volume. Uma lacuna apodera-se do lugar. Não é simplesmente algo que não está lá.

LASSALLE   Antes da ignorância, há o falso saber. Quando chego a uma escola superior, o jovem ator é o menos inocente, o menos "virginal" que se possa imaginar. Ele já está, às vezes, inteiramente programado, deformado. A ignorância, no seu caso, seria antes da ordem de reconquista. Minha preocupação, por analogia a muitos jovens atores, é ajudá-los a desaprender. A questão do saber não viria senão depois. Mas de todo modo, não se fará apelo ao saber, ou não o constituiremos, a fim de melhor excedê-lo, ultrapassá-lo.

RIVIÈRE   De um lado, antes coloca-se a preeminência do ato de ser ator, que não depende de nenhum aprendizado. Por outro lado, é ao redor deste ato de estar-lá que se vai trabalhar. Isso é uma contradição, sem ser uma incompatibilidade? Penso num exemplo: para Copeau, a instauração da escola e da pedagogia é uma tentativa essencial, e é o mesmo Copeau quem, em um belo texto de teatro, admira a maneira pela qual um técnico de seu teatro atravessa o palco. Ele vê em seu gesto não teatral o ponto culminante do teatro e lamenta nunca ter visto um ator atravessar o palco com essa naturalidade e essa força.

LASSALLE   É que o ator muito frequentemente se protege do seu estar-lá por meio de sua técnica de ator, de sua máscara. Já me ocorreu também experimentar o que Copeau tinha sentido na presença de um maquinista andando no palco. Eu mesmo assisti, no Opéra, no momento de uma mudança mal sincronizada de cenário, à travessia repentina, além do mais imprevisível, de um maquinista levando uma escada de uma armação de cenário a outra, ignorando que ele fazia isso na frente do público; o efeito era irresistível. O irromper de um efeito semelhante da realidade entrava em colisão com a ficção e a fragilidade da convenção cênica. Ela reinstalava por consequência a ordem do real cotidiano. Há atores para os quais essa coexistência minimamente imprevista, com um maquinista ou um bombeiro de serviço, de passagem sobre o palco, à vista e com o conhecimento do público, não faz perder sua credibilidade. Há outros que por muito tempo não se recompõem. Os primeiros preservam uma qualidade de verdade na sua existência cênica, de sorte que nada aparentemente a poderia alterar. Isto poderia ser aquela qualidade, no cinema, de um ator filmado na rua, em meio aos pedestres. A câmera capta essa verdade, nessa ocasião, em seu imediatismo; evidentemente que em outra ocasião ela também denunciaria a sua ausência. Mas no teatro, essa qualidade de presença no mundo, essa evidência prévia do estar-lá, para além de todos os artifícios do espetáculo, não é dada imediatamente. Ao menos jamais completamente. É preciso um longo aprendizado de ficção cênica para recolocar e preservar, *in fine*, a verdade.

RIVIÈRE Isto me faz pensar no que diz Jakobson a respeito da linguagem infantil do recém-nascido, que pode emitir todos os sons que o aparelho fônico permite…

LASSALLE …Todos os fonemas possíveis, de todas as línguas?

RIVIÈRE Absolutamente. E em seguida, por ser capaz de falar, ele deve perder um certo número de suas competências fonéticas. É preciso que o ator perca uma habilidade natural de modo natural, para tornar-se natural…

LASSALLE Atravessar o palco, por exemplo, é um dentre todos os primeiros exercícios que os jovens atores praticam. É que isso revela frequentemente a falsa confiança, "o artificial" que o desarma no seu deslocamento no palco do teatro. Em *Esther Kahn*, o filme de Desplechin, um velho professor propõe isso ao seu aluno. Ele vê nisso o começo e o ápice, todo o universo da arte do ator. Progressivamente, a jovem Esther vai ultrapassar o aparente exercício elementar, após seu pânico ante a ausência de qualquer forma imposta, de qualquer subterfúgio, num esboço de interpretação qualquer. Pouco a pouco, sob nossos olhos, ela aprende a "sujeitar-se", a contentar-se em ser o que ela é. Cena admirável, para se projetar com urgência, por exemplo, para os candidatos do concurso de ingresso no conservatório.

Segunda Conversa
2 de junho de 2003

FIM PEDAGÓGICO. FIM INSTITUCIONAL E FIM ARTÍSTICO.
A MULTIPLICAÇÃO DAS ESCOLAS. NENHUMA ESCOLA FORMOU
JAMAIS UM ATOR. A ESCOLA, O MESTRE ZEN E O MERCADO.
O ENSINO, INÚTIL? A FINALIDADE DO ENSINO DO TEATRO
É O TEATRO? ARTES DO ESPETÁCULO E *PERFORMING ARTS*.
PARCELA DE SONHO.

JEAN-LOUP RIVIÈRE   Um artista nunca para de aprender, mas uma escola de teatro implica um tempo determinado de aprendizado. Existe algum indício que prove que o objetivo foi atingido, que o trabalho propriamente pedagógico esteja terminado? O fim do ensino representa o término da duração do ensino? Isto já levou o senhor a pensar: "Sim, aquele lá está pronto para sair da escola"?

JACQUES LASSALLE   Existem duas acepções da palavra "fim": o fim como finalidade, o fim como término, parada, interrupção sem volta. No que concerne à segunda acepção, eu diria que se a escola deve ter um fim, a formação jamais deveria, num sentido amplo, interromper-se. Mas para continuar na sua pergunta, a partir de que momento um aluno está pronto para representar? E o que quer dizer estar pronto para representar? Quando nós o percebemos? Ou seja, se você sabe movimentar-se em cena, traduzir sentimentos, escutar o parceiro, responder-lhe de forma inteligível? Se você compreende o que é uma situação dramática e se sabe conduzi-la a bom termo? Há alunos que ingressam no conservatório com o corpo travado, sem contorno, uma voz que quase não se ouve, uma articulação precipitada ("metralhadora", diz-se no jargão dos cursos), gestos e movimentos com desconcertante falta de jeito. Certos examinadores acabam tendo, contudo, o discernimento de aproveitar alguns desses alunos, pressentindo uma clareza, uma presença singular sob a imperfeita e confusa mistura. E frequentemente tais alunos, desconcertados com a confiança que lhes foi conferida, transformam-se em alguns meses, e no final de seus três anos de escolaridade, revelam-se verdadeiros atores, prontos para participar de verdadeiras aventuras artísticas. Há outros cuja bagagem técnica seduz nos primeiros dias e que não progridem minimamente durante toda sua escolaridade: não estão nem mais, nem menos prontos a atuar, seja quando ingressaram na escola, seja quando se formam. Eles engrossarão as filas dos atores funcionais, descartáveis. Poderá acontecer, muitas vezes, que abram uma escola ou uma agência. Outros não veem a hora em que a escola irá acabar: desperdiçam seu tempo em revoltas inúteis ou em dedicação estéril. Têm necessidade de confrontar-se com o público, com a exaltação compartilhada no trabalho e nas representações. Para outros, ao contrário, a escola acaba cedo demais... Também nesse caso, não há leis.

Porém, deve-se voltar à primeira acepção: a finalidade da escola. Consiste em preparar para o teatro? Para todos os teatros? Para um só teatro? Ela abrange todo o espectro do espetáculo de entretenimento e das práticas audiovisuais? É um álibi para uma política de emprego? Ou é a simples provedora de ofertas submetidas a um mercado cada vez mais em transformação, cínico e mercantil? Ou a escola seria apenas, ao final de contas, o caminho tortuoso do teatro para uma pedagogia de vida, para uma propedêutica do mundo e de si próprio no mundo? Não tomar partido por esta ou aquela resposta é correr o risco de aumentar a confusão geral.

Há algum tempo, no entanto, as coisas pareciam claras: um ensino público organizado, de certa maneira, em três níveis: primeiro os conservatórios municipais, em seguida as classes preparatórias do ENSATT (Escola Nacional Superior de Artes e Técnicas do Teatro), curso Dullin em Chaillot, Jacques Lecocq, Balachova, enfim, o ensino superior, aquele do Conservatório Nacional de Paris, ao qual Gignoux iria obter de Malraux, no início dos anos de 1960, que também fosse anexado à Escola do

Teatro Nacional de Estrasburgo (TNS). Paris preparava atores para a Comédie Française e para os palcos privados parisienses. Estrasburgo e seu ensino multidisciplinar alimentavam o circuito da descentralização dramática. Quanto ao ensino privado, preparava um pouco para tudo, para o conservatório, para o cinema e para a televisão, com um número, no final de contas, restrito de estabelecimentos: Simon, Escande-Dussane, Girard, a seguir Furet, Florent, Périmony, Mathieu...

As coisas evoluíram muito. Primeiramente, após 1968, o conservatório abandonou os seus exames de conclusão. E em consequência, tanto no ensino público como no privado, todo mundo quis ter a sua escola: os Centros, os Palcos Nacionais, as companhias dramáticas, as coletividades emergentes... O aspecto político embaralhou-se. Cada um quis ter seu conservatório regional, sua nova Escola Nacional Superior, suas *master-classes*, seus estágios de formação. As escolas privadas começaram a proliferar. Atualmente, somente na cidade de Paris encontram-se cerca de setecentos cursos privados. Muitos atores decepcionados só conseguem uma atividade no ensino. Para dar uma aparência de legitimidade a essa multidão de pedagogos, uma associação de defesa da escola privada tentou definir alguns critérios de avaliação para esses estabelecimentos. Por seu lado, as tutelas públicas estudam há algum tempo a possibilidade de criar e impor um diploma de professor de arte dramática. Atualmente, chegou-se assim a uma dúzia de escolas públicas, que se autoproclamam "Escolas Nacionais Superiores"; a uma dúzia de conservatórios ditos "regionais"; a um número ainda muito mais importante de conservatórios municipais e escolas ligadas às companhias profissionais, com residência ou não nos teatros fixos. Seria necessário acrescentar, aqui, os estudantes dos institutos de estudos teatrais na universidade, criados nos anos de 1970 para fins os mais diversos, mas que, a seu modo, também lançam no mercado um grande número de estudantes mais preocupados em "atuar no teatro" do que dedicar-se ao ensino ou à pesquisa. Enfim, repito, é preciso contar também com os setecentos cursos privados na região parisiense.

O que todas essas escolas têm em comum? Uma escolaridade estruturada, na maioria dos casos, em três anos, a eliminação das listas de aprovados de fim de ano, a deliberação afirmada, alto e forte, de formar profissionais – cada escola justificando, definitivamente, a sua excelência pelo número de candidatos que ingressam nas mesmas. Poderíamos nos contentar com semelhante situação; poderíamos ver nisso o resultado de meio século de descentralização teatral em todo o território; poderíamos ligar isso tudo à chegada de uma civilização do entretenimento, a um crescimento exponencial dos espetáculos e das múltiplas formas que pode assumir o entretenimento cultural. Certamente, tais razões não são negligenciáveis; é preciso reconhecer isso. Porém, quem seria capaz de afirmar, de boa fé, quando se pensa que apenas uma instituição, o Jovem Teatro Nacional (JTN), garante, a partir dos anos de 1970 e somente durante três anos, custe o que custar, um emprego unicamente aos alunos saídos do conservatório de Paris e da Escola Nacional Superior de Estrasburgo, quem poderia garantir que a cada ano existirá lugar na França para os cerca de milhares de novos atores profissionais? Ninguém, e muito menos os interessados. "A edição é o único setor que responde a uma baixa da demanda quando ocorre o crescimento da oferta", assegura Jérôme Lindon, fundador das edições Minuit. Mas ele esqueceu-se do ensino teatral.

Em consequência, cada um se comporta, mais ou menos, como avestruz e trabalha na elaboração e promoção de seus programas, fingindo ignorar o futuro. "Depois de nós, o dilúvio." Dois tipos de ensino afirmam-se cada vez menos compatíveis. O primeiro afirma submeter seus programas à demanda do mercado, tanto do audiovisual e da indústria de entretenimento quanto do espetáculo dito "ao vivo". Neste último caso, a oferta é massivamente consensual, conjuntural, eclética, submissa às flutuações da economia e das curvas de audiência. Ocupa amplamente o espaço privado e ganha o espaço público.

O outro ensino tem por princípio rejeitar qualquer perspectiva de eficácia instantânea. Recusa-se a aderir à ideologia liberal do "tudo é válido desde que tudo acabe por ser vendido". É um ensino que quer priorizar, em primeiro lugar, o valor das obras, a nobreza dos modelos, as lições do passado, a exigência e a pesquisa artísticas. É um ensino que se dirige abertamente ao passado como base de resistência. Suporta a sociedade atual cada vez com maior dificuldade e trabalha com a perspectiva de uma sociedade melhor. Como não apoiá-lo? Dois perigos maiores o ameaçam: o pensamento negativo e o discurso encantatório com relação às perspectivas e possibilidades de venda do seu produto. Continua-se a falar em trupe no momento em que não existe mais uma escola que constitua um repositório para o teatro contemporâneo no qual ela se insere, no momento em que não há mais continuidade entre a formação e o espaço profissional, na medida em que ela só pode ser garantida a uma ínfima minoria de alunos formados; reivindica-se o pensamento crítico, a primazia da independência e da liberdade intelectual enquanto se corteja, frequentemente, o campo dos dogmas, dos engajamentos unívocos. Aspira-se à existência de um mestre, desejar-se-ia um guru para a vida, porém não se ousa muito reconhecê-lo. Como poderia o mestre escapar das perspectivas igualmente ilusórias de semelhante alternativa?

Frente aos alunos, cuja maioria a cada ano está sendo mais fragilizada pelo discurso midiático, e diante do sonho de ter acesso ao *star-system* (considere-se a audiência de *Star Ac*[1]), da necessidade material de achar o mais rápido possível o seu lugar no mundo da imagem (por que não sacrificar um trabalho sobre Alceste em favor de uma participação em *Navarro*?[2]), como assegurar a responsabilidade do artista na cidade, a construção de si mesmo em cada papel, a aula escolar como escola de vida tanto quanto o teatro? Tais questões estão na base do meu trabalho tanto no Instituto de Estudos Teatrais de Paris III, como na Escola do Teatro Nacional de Estrasburgo e no Conservatório de Paris. No meu magistério, elas ainda estão muito presentes. Como conformar-se em proporcionar um ensino que pode ser visto apenas como ruptura com o mercado e sua demanda? Como falar de disciplina de vida e de longa caminhada a alguém que espera de você antes de mais nada um emprego?

---

1 Sítio da internet *Star Academy8*: <www.staracademy.tfl.fr> (N. da T.).
2 Série policial exibida na televisão francesa, criada em 1989 por Pierre Grimblat e Tito Topin. O personagem Navarro é um policial incorruptível e tenaz, uma figura modelo da justiça que busca a ordem e a autoridade (N. da T.).

RIVIÈRE   Compreendo o que o senhor está descrevendo. Porém, artisticamente, há algum sinal do desaparecimento do ensino?

LASSALLE   Não, o paradoxo é que, em face da proliferação desordenada de seus conteúdos e métodos, jamais a necessidade de uma pedagogia do ator foi tão forte. Mas qual? Não apenas uma pedagogia técnica, instrumental, tendo como primeiro objetivo a formação de intérpretes, mas sim uma pedagogia da curiosidade, da abertura aos saberes e às tradições, que se destine igualmente, de forma plena, aos temas e às pessoas. O teatro pode não ser o único objetivo do ensino de teatro. Pode preparar para muitas outras atividades da vida.

Vá dizer isso a um aluno que acabou de entrar numa Escola Nacional Superior. Ele passou por três rodadas de seleção, foi examinado por uma banca de examinadores imponentes, heterogêneos, frequentemente insensíveis. Foi escolhido entre diversas centenas de outros candidatos. Como pode você colocar em questão o seu futuro como ator? Marcel Bozonnet, o precedente diretor do conservatório, tinha uma fórmula interessante no que diz respeito aos novos ingressantes: "Se vocês chegaram até aqui, é porque já são atores". Pode ou não ser verdade. É verdade porque, no aqui e agora do concurso, eles eram os melhores, pareciam os mais aptos a beneficiar-se de um ensino superior. Nesse aspecto, fala-se muito em injustiça, em incompetência das bancas examinadoras. Invoca-se o arbítrio dos concursos que frequentemente sacrificam os melhores. Na realidade, sempre fico impressionado, em meio às inumeráveis bancas examinadoras das quais participei, pela quase unanimidade no que tange aos melhores, de uma parte, e com relação aos menos convincentes, de outra parte. Quando acontece o debate, se ocorre alguma dúvida, eles incidem sobre os candidatos medianos, bem como, igualmente, sobre os não classificados, mas o fato de ingressar no conservatório ou na Comédie Française não desautoriza um ator. E a fórmula de Bozonnet continua sendo ambígua, pois parece comprometer-se com o futuro, mas o fato é que somente ratifica a verdade de um momento. Ela acaba se reduzindo à passagem por uma grande escola, e, especialmente no caso do Conservatório de Paris ou de Estrasburgo, constitui-se numa chance real: frequentemente é acompanhada por uma bolsa de estudos, é a promessa de encontros produtivos com alguns mestres, com práticas multidisciplinares e sabiamente integradas, com convivências determinantes para o futuro. Chega mesmo a se transformar numa transição quase garantida à prática profissional, por intermédio indireto do Jovem Teatro Nacional. No entanto, não garante absolutamente o esplendor e a perenidade daquilo que chamamos de uma carreira.

Na verdade, uma escola, por mais prestigiosa, por mais exigente que seja, jamais formou um ator, não mais que um pintor ou músico. Mas, dia após dia, terá permitido um aprendizado de si mesmo, dos outros e do mundo; terá fomentado o gosto e a familiaridade com os textos, a humildade e o rigor das verdadeiras disciplinas de trabalho. Essa bagagem vale não apenas para o exercício do teatro. Também ilumina o percurso de uma vida.

Curiosamente, os orçamentos, frequentemente em baixa no domínio da criação, da pesquisa e do funcionamento dos teatros, tornam-se passíveis de aumento quando se trata de ajudar na formação, na detecção de "redes de empregos". Justificam também os investimentos consideráveis? Não, quando é o caso de manter os hábitos dos beneficiados, de perspectivas ilusórias, de um alinhamento mecanicista com as necessidades do mercado e as tolices do *showbiz*, ou, pior ainda, com a ilusão de estimular os políticos securitários pela multiplicação das atividades teatrais nas áreas desfavorecidas e pobres. Sim, trata-se de uma pedagogia de arte e vida, que reconcilia o passado e o futuro, o singular e o múltiplo, o diferente e o semelhante, o efêmero e o durável, a desgraça e também, não obstante, a felicidade de estar no mundo. Não é nos períodos de prudência, transformações, de inquietudes generalizadas que o artista encontra menos possibilidades para se exprimir.

RIVIÈRE   Recordo-me do início desse movimento. A forma através da qual a escolaridade acaba pode contribuir para definir o que o ensino pode significar para um ator. Ora, atualmente não há exames nem provas de conclusão.

LASSALLE   No conservatório não há mais exames desde os anos de 1970. Mais exatamente, a partir dos anos de 1980, pois Jacques Rosner, o então diretor, trabalhou de tal forma que coexistiram, isso durante dez anos, dois conservatórios no mesmo local: um conservatório dito "moderno", sem concursos e abertos às conquistas da representação, e outro feito à maneira de antigamente, que preservava, além das provas de conclusão, reservadas, salvo derrogação, somente aos "terceiro-anistas", os exames trimestrais de avaliação, a perenidade dos professores, quase todos sócios honorários da Comédie Française, e a prioridade das tradições declamatórias. Rapidamente, como se tornou mais fácil entrar no antigo conservatório do que no novo, os alunos admitidos no primeiro geralmente aproveitavam a transferência sistemática para o segundo.

RIVIÈRE Em todo caso, o exame era somente classificatório. Não dizia se uma competência tinha sido ou não adquirida. Na universidade, formava-se ou não um doutor. Em um conservatório, todos se tornam atores. Aprende-se alguma coisa que simplesmente não é verificável.

LASSALLE A questão mais interessante a ser colocada talvez seja a das reformas pós-1968 no domínio da formação do ator e, eventualmente, suas consequências: romperam-se os modelos socioculturais ultrapassados e os pilares de uma sociedade conservadora e injusta, ou começava a surgir, o que se verá que vai acontecer, a própria dificuldade de avaliar, hierarquizar de maneira absoluta qualquer forma de expressão artística?

RIVIÈRE Também se coloca a questão do modelo através do qual a escola funciona. Até o momento, esse modelo funda-se numa ideia que pode ser formulada desta maneira simplista: para aprender teatro é preciso fazer teatro. O aluno tenta, evidentemente, adquirir algumas técnicas correlatas, como canto, esgrima, valsa, e aproveita o máximo possível a presença de atores ou encenadores. Poder-se-ia imaginar outro modelo, que não estaria ligado ao "fazer", mas justamente à necessidade de retardar o "fazer" teatro. É como na história do mestre zen, que faz seu aluno pianista trabalhar na mesma página durante um tempo muito longo, e quando o aluno quer virar a página, o mestre o impede. Quando, após muitos anos, ele lhe permite virar a página, ela está em branco. Retardar o "fazer" seria, do mesmo modo, um verdadeiro aprendizado. Há algo convencional no tipo de funcionamento das escolas, pois todas, segundo suas próprias modalidades, funcionam com o método "formar-se no local de trabalho", com a ideia de que "forçando-se alguém a exercitar uma coisa é possível torná-lo hábil". Algumas escolas poderiam ter outro tipo de formação, cujo espírito estaria ligado à prática da colocação em dúvida, que você lembrou há pouco, e que também é uma forma de "retardar o fazer".

LASSALLE Trata-se de retardar o fazer até o momento em que se seria digno de enfrentar a página em branco... Aos nossos olhos de ocidentais, talvez isso seja exagerado. Por muito adiar o prazo, acaba-se esquecendo dele. Nós o substituímos. Esta poderia também ser a proposta do exercício.

Não é isso que ameaça a maior parte de nossas escolas. Elas estariam sendo, mais do que tudo, assediadas pela impaciência dos resultados. Elas se gabam do número e da presteza de compromissos de seus alunos. A lista de seus alunos que se transformaram em "estrelas", ou pelo menos conhecidos, é a seus olhos o seu melhor cartão de visitas. Ela dá-lhes crédito para o seu caminho rumo ao emprego. No momento da apresentação de seus alunos, elas buscam atrair a presença de profissionais, de responsáveis pela elaboração de *casting*. Os agentes fazem a lei. Eles são também quase tão numerosos quanto os atores aprendizes. No conservatório, assim que os exames de ingresso acontecem, cada aluno tem seu agente, isso quando já não o tenha no momento de se apresentar. Nos anos de 1960, alguns alunos do meu curso sonhavam prioritariamente em seduzi-los e convencê-los. Fiz um escândalo opondo-me à presença de agentes durante as apresentações dos exercícios. Agora isto não será mais possível.

A escola arranja empregos, mas a escola é também muito menos um espaço de formação e preparação e muito mais uma máquina de produzir espetáculos. É conhecida a frase de Vitez: "A escola é o mais belo teatro do mundo". Essa frase exprimia o belo sonho de associação escola-teatro-mundo de um pedagogo. A escola permite muito, a partir de agora, os excessos: a escolha sistemática do fragmento em prejuízo da totalidade, da hipótese lúdica em prejuízo da composição coerente e global, do esboço em prejuízo do quadro, da vida como "representação" ininterrupta, indiferente às obrigações do cotidiano e às resistências da história. Porém, a frase de

Vitez induz, antes de mais nada, querendo ou não, ao fato de que a escola é o único lugar onde se poderia fazer o verdadeiro teatro, que aliás deveria ser o único a ser feito, ou então, dar-se-ia o caso de este ser tão acadêmico, tão previsível, que não valeria mais a pena fazê-lo.

RIVIÈRE   A escola como teatro do futuro…

LASSALLE   Sim, do futuro, mas de um futuro sem futuro, pura utopia, para fora da cidade e de qualquer compromisso exterior que não fosse com ele mesmo, que conduziria às intermináveis colagens de "propostas cênicas". E aquela escola de que falamos acaba favorecendo a emergência de figuras igualmente ambíguas, tais como as do pedagogo mascarado de profeta, de guru. "Inicio meus alunos na minha própria religião. Impeço meus alunos de fazerem outras práticas que não aquelas que preconizo e torno-os por toda a vida meus discípulos. Proíbo-os de trabalhar com outros, de enriquecer-se com outras práticas e outras perspectivas." O teatro, meu Deus, não está jamais a salvo das seitas e totalitarismos.

RIVIÈRE   Uma escola que privilegiasse o fazer teatro teria seu fim nela mesma?

LASSALLE   Poder-se-ia dizer também que durante certo tempo o aluno não teria outro acesso ao teatro a não ser aquele proposto pela escola, sendo que em seguida ele poderia, ator ou não, encontrar seu lugar na cidade. Vasiliev, em sua escola de Moscou, pratica uma escolaridade de sete anos. Os alunos são iniciados nas artes marciais, nos cantos gregorianos ortodoxos. Só se lhes permite um acesso homeopático a alguns fragmentos de textos, frequentemente religiosos. Os alunos não fazem nada além disso. A escola torna-se sua própria finalidade, uma espécie de monastério, um teatro ideal, um retiro solitário. No entanto, para onde se vai, o que nos tornamos após tê-la deixado?

RIVIÈRE   É o ultrapassado. Há alguma coisa dessa natureza em Copeau. A escola torna-se uma resposta às imperfeições do teatro real.

LASSALLE   A escola frequentemente agarra-se à infância, desejaria preservá-la para sempre. Afasta a chegada das responsabilidades, da idade adulta, ou então a anuncia na forma exaltada e um pouco ridícula de Trofimov, o velho estudante mais que trintenário de *O Jardim das Cerejeiras*, de Tchékhov. É uma postura defensável? Acontece-me de dirigir estágios, aquilo que se denomina atualmente *master classes*, na França e no estrangeiro. Tenho necessidade disso como de um soro da juventude, como uma ocasião privilegiada para uma reciclagem, para um retorno às origens. Mas esta não seria uma justificativa suficiente. No teatro, mais que em todas as outras formas de expressão artística, o outro é a condição da própria busca, o parceiro da sua própria realização. É melhor não abusar disso. O que recebi, o que recebo, tenho que restituir. A partir daí, com a idade, ocorre um sentimento crescente de ter que transmitir, ter que reciclar. Não obstante, depois de apenas alguns dias de trocas, o que teremos partilhado? A abordagem comum de uma obra, de sonhos, inquietudes, surpresas, talvez até as revelações do papel a representar ou do pensamento. É muito para um pedagogo. Porém, quanto ao aluno, onde, quando, junto a quem ele poderá fazer uso disso?

Seria excesso de escrúpulos? Desencantamento? Apostamos preferencialmente no otimismo. Hoje em dia, o jovem ator tem um leque de possibilidades, de experiências, de aplicações muito mais importantes do que aquelas existentes quando comecei no teatro. Há tantas escolas, tantas propostas, na França, no estrangeiro, que seria o cúmulo se não chegássemos, de tentativa em tentativa, a "produzir" uma identidade, um saber, um domínio de curiosidades e de atitudes particulares. É preciso, ainda, avançar com os olhos abertos, não se deixando ficar ao sabor do mercado, dos messias, dos Pigmaleões de toda ordem. O ator depende do querer dos outros, mas só sobrevive pelas próprias escolhas.

RIVIÈRE   Sim, isso é ainda outra modalidade de "retardar o fazer". Algumas vezes o senhor tem tido um sentimento de inutilidade do ensinamento? O senhor já pensou que um aluno poderia estar empregado imediatamente, que não precisaria passar pela escola?

LASSALLE   Quando acontece de um aluno ter sido admitido por equívoco, quando sua margem de progresso revela-se infinitamente mais limitada do que aquela que as bancas examinadoras tinham esperado, ou ainda quando sua expectativa não corresponde ao seu desempenho; ou quando, enfim, ele abandona ou falta à escola na primeira ocasião, em troca de uma série televisiva ou de uma aventura incerta no teatro, nesses casos pode-se experimentar um sentimento de inutilidade, com a dúvida e a tristeza que a acompanham. Mas isso não dura muito, pois tudo isso é remediável. Também na escola, mesmo que a partir de agora não sejam os professores a escolher os alunos, e mesmo que, de preferência, ocorra o inverso, a relação pedagógica só funciona verdadeiramente no momento em que evolui na direção de uma aceitação recíproca ou, ao contrário, com o estabelecimento de uma atração conflituosa, mas que finalmente se revele fortificada e produtiva. Por outro lado, a mudança de classe, ou mesmo uma assumida saída da escola, são alternativas possíveis.

No entanto, diante de um aluno realmente talentoso, realmente motivado e efetivamente pronto a representar, não se experimenta nunca o sentimento de inutilidade. Pelo contrário. Desde o terceiro ano, frequentemente até no segundo ano, esse aluno pode perfeitamente representar durante a noite, "junto" com você ou em outro grupo, e continuar sendo um elemento motor da classe durante toda a escolaridade. Isso é da responsabilidade dele, e se ele consegue alcançar a disciplina, esse fato constitui uma prova suplementar de sua qualidade. A relação pedagógica pode continuar naturalmente, sem interrupção no ato público da representação, e enriquecer-se igualmente.

Na verdade, nada, nem mesmo o desaparecimento do mestre, pode acabar com uma verdadeira relação pedagógica. O término da escola não deveria significar o seu término. Por essa razão, não é preciso que se exagere na melancolia das despedidas. Um mestre e seu aluno jamais se afastam verdadeiramente, mesmo se as dispersões da vida não mais lhes permitirem reencontrar-se. Aquilo que foi semeado, germinará.

Existem pedagogias que reivindicam exclusivamente os seus resultados favoráveis, ainda que estes estejam em contradição com o ensino recebido: "É aqui, comigo, que tal ou tais começaram", ouve-se proclamar aqui e ali. De minha parte, sinto-me depositário tanto de meus "malogros", como de meus "sucessos". Não estou menos orgulhoso em relação aos meus alunos que permaneceram anônimos, do que em relação àqueles que, como se diz, fizeram carreira. Isto não significa que um pedagogo-encenador não deva estimular seus alunos – sem nenhum espírito de exclusividade, aliás –, cada vez que o possa. Mas no momento em que não o puder, não deve culpar-se exageradamente. Em primeiro lugar, é por aquilo tudo que revelou aos seus alunos do teatro, da vida e deles mesmos, que ele deve ser julgado. Não se deve inverter a prioridade.

RIVIÈRE   O mercado não é um teste! Contudo, para retornar à questão da finalidade do ensino, isso que o senhor sugere é que o ensino não pode ter uma limitação, uma vez que no coração desse aprendizado encontra-se a capacidade de se colocar o teatro em dúvida. Não se acaba nunca com essa dúvida, e portanto com o aprendizado. Isto desconcertou os alunos do conservatório quando Fomenko anunciou-lhes que poucos dentre eles haveriam de se tornar atores. Eles pensavam que o simples fato de conseguirem passar no concurso já era uma garantia disso.

LASSALLE   Piotr Fomenko, bem à sua maneira russa, distinto, áspero, mostrou-se muito consequente. Ele partiu de sua própria experiência, invertendo-a. Foi somente quando ele sentiu, em sua aula no Gitis (Academia Russa de Artes) em Moscou, que estava diante de uma turma com aprovação excepcional, que decidiu, no final dos anos de 1970, trabalhar como encenador apenas com os alunos dessa turma. convenceu o Estado a equipá-lo com uma pequena sala. A escola continuou fora de suas instalações, fora da escolaridade, só que a partir de então perante o público.

RIVIÈRE   Ela tornou-se teatro… A crisálida e a borboleta…

LASSALLE   Numa tradição e num contexto político muito particulares, Fomenko guiou o seu trabalho como pedagogo-encenador ao seu termo. Mesmo muito ligado aos meus alunos, ainda não realizei o mesmo sonho. Acredito muito na mistura de gerações e de percursos, na unidade artística como conquista última e jamais adquirida, de preferência a dados prévios. Mas minha relação com a história e com o poder político, tão pouco "alinhada" quanto possa ter sido, não deixou os mesmos rastros, não engendrou as mesmas práticas de sobrevivência.

Para voltar à fórmula de Vitez, a escola não é, desde então, completamente um teatro. Ela não se volta para o futuro. Se puder escolher abrir suas portas para mostrar alguns de seus exercícios, que não o seja, nesse caso, muito tarde na escolaridade de seus alunos, bem como no sentido de que seus públicos sejam realmente reativos e parceiros, isto é, nem muito especializados (agentes, jornalistas, empregadores potenciais), nem muito incondicionais (parentes, amigos, simpatizantes, aposentados etc.).

RIVIÈRE O senhor se lembra da distinção estabelecida por Grotóvski no seu discurso inaugural no Collège de France. Ele lembrou a maneira de se designar o teatro nos países anglo-saxões, que é *performing arts*, e na França, que é artes do espetáculo. De um lado, o teatro é avaliado em função daquilo que é feito, de outro, é-o em função daquilo que é visto. Grotóvski colocava-se ao lado das *performing arts* e, no nosso caso, tenho tendência naturalmente para o lado das artes do espetáculo. Pergunto-me, portanto, se não se pode considerar a escola como o momento das *performing arts*. O término da escola corresponderia, assim, à passagem para as artes do espetáculo. Isto implicaria uma gestão muito controlada da presença do público. Com trinta espectadores está-se nas *performing arts*. O público é tolerado como testemunha somente pelo fato de se tratar de teatro.

LASSALLE Também como amplificador, como caixa de ressonância... A questão de uma pedagogia afastada do circuito usual de produção é um sonho que deveria habitar qualquer escola, e não apenas as escolas de teatro. A questão é dialética: como realizar esse sonho e, ao mesmo tempo, preservar a necessidade de um teatro inscrito no coração da história, no coração da cidade? A escola exige uma retirada, uma recusa provisória do mundo ao redor, caso também queira ser uma propedêutica da realidade tanto quanto o teatro. Hoje em dia pode-se dizer, com o sorriso das belas serenidades conquistadas, que o equívoco das escolas é generalizado e que ele é agravado por objetivos eleitoreiros, mercantis e midiáticos. Os infelizes alunos atores ficam fascinados por ofertas de propostas e promessas. Não conseguem mais fazer a ligação entre os discursos que lhes são ditos, as práticas que lhes são propostas e o mundo no qual se situam. Toda pedagogia necessita, contudo, de equilíbrio nas respirações, uma atenção para o tempo com que a faz, ao tempo que dura e não somente ao tempo em que se dá. Toda vez que eu podia, em Vitry, em Estrasburgo, no Conservatório de Paris, eu levava meus alunos para longe da cidade, para o interior, na esperança de encontrar novas Thélème[3], longe das "rotinas de resultado" (René Char). A escola não tem por objetivo fazer com que se ganhe a vida. Ela não é uma agência de empregos. Atualmente, quando parecem só contar as curvas de crescimento e os diagramas de audiência, é mais urgente do que nunca manter os alunos fora por um breve período. Tudo exprime a arrogância e a impaciência do mercado. É uma razão a mais para que a escola assuma o seu tempo e mande aos especuladores de todos os gêneros um gesto obsceno de desprezo, como o fez há algum tempo Maurice Pialat em Cannes, no momento em que os festivaleiros, no início, pareciam saudar unanimemente *Sob o Sol de Satã*, que tinha acabado de ser adaptado de Bernanos.

---

[3] Referência à Abadia de Thélème, em François Rabelais, *Gargantua e Pantagruel*, 1º livro, capítulo 1.LII (N. da T.).

Terceira Conversa
11 de junho de 2003

LUGAR DO SABER. ENSINAMENTO DIRETO E INDIRETO.
O ATOR RACIONAL E O ATOR INSTINTIVO.
A DESCONTINUIDADE DO PROGRESSO. ESCOLA É TEATRO?
O SUJEITO FRAGMENTADO DO ATOR. CAMINHOS
DE TRAVESSIA. UMA ESCOLA QUE SE AFASTA DA NORMA.
O OLHAR DO OUTRO.

JEAN-LOUP RIVIÈRE   Falamos muito da dúvida, do "todavia". Poderíamos falar agora do complemento, do acréscimo… daquilo que se acumula, que se capitaliza. Um aluno que sai da escola de teatro está mais "rico" do que quando ingressou nela? Mais rico do quê? Geralmente, ensinar é, em grande parte, transmitir um saber. E um aluno que sai de uma escola tem mais saber ou mais habilidade do que quando entrou. Mas seria este o caso de um aluno-ator? Um ator que sai de uma escola atua melhor do que quando entrou, porém se trata de um aperfeiçoamento, não de uma "aquisição". Pergunto-me qual é e qual deveria ser a parte do saber no ensino da arte do ator. Parece-me que ela é importante, pois em todas as escolas de teatro há departamentos de história, dramaturgia etc. Formar-se-iam, pelo menos, bons atores caso não houvessem cursos centrados na, ou justificados pela, transmissão de um saber positivo, na aquisição de conhecimentos? No Conservatório Nacional de Paris há uma distinção entre os cursos de interpretação e os chamados cursos "técnicos", que vão da dança, da expressão ou da dicção à história e à dramaturgia. Essa distinção aparece algumas vezes como separação entre uma atividade nobre e essencial, o aprendizado da atuação em cena, e complementos triviais, secundários, e nesse caso, para ser mais preciso, facultativos, mesmo que, felizmente, não o sejam. E dá-se o caso de os professores dos cursos ditos "técnicos" acharem que fazem "a interpretação". Eles têm e não têm razão. Não têm razão, porque a parte mais importante do trabalho é a atuação em cena, e também têm razão porque a técnica e os conhecimentos são as circunstâncias de uma interpretação, e logo da interpretação em si mesma.

A partir de sua experiência como professor de interpretação, o senhor poderia dizer que o ensino "acrescenta" alguma coisa? Falemos também do ensino "indireto". Há conhecimentos ou exercícios que podem não ter nenhuma relação aparente com aquilo que se pretende e que têm um efeito secundário, indireto. Quando um pedagogo aborda um tema que aparentemente não tem qualquer relação com a cena trabalhada pelo aluno, ou manda executar um exercício que parece fora de propósito, esse aparente desvio permite, na realidade, um trabalho indireto. Minha pergunta, nesse caso, é dupla: o senhor tem a sensação de que um conhecimento esteja sendo transmitido num dado momento da relação pedagógica com um ator? E o senhor acha que o conhecimento indireto possa ter uma função? "Dou-lhe algo que lhe servirá sem que você o saiba, ou do qual você se reapropriará..."

JACQUES LASSALLE   Creio que sempre ocorre a transmissão de saber, mas que raramente ela é direta. Quando nos relacionamos com os atores, é preciso que a transmissão de saber se faça indiretamente, entre parênteses e como que inadvertidamente. A partir do instante em que se determina o momento do saber ("Agora, eu vou iniciar vocês"), a partir do momento em que se está lidando com o saber constituído, formulado, em decorrência disso o aluno cochila, ou algumas vezes se rebela numa ostentação de desinteresse. Os atores supõem que todo saber já está formatado, pré-digerido, pré-estabelecido. Acontece a mesma coisa com relação ao texto. Seja o caso de essa relação ser brusca, desenvolta: "Isto quer dizer mais ou menos isso, vamos interpretar mais ou menos isto". Nesse caso o aluno impacienta-se. Seja quando o texto se mostra, num primeiro momento, filológico, gramatical, analítico. Aí o aluno se aborrece. Mais tarde, no entanto, quando o texto for examinado, primeiramente de maneira rápida, o aluno terá a tendência a torná-lo um fetiche. Ele fará do texto a totalidade do teatro, sombriamente dobrado em si mesmo na forma de uma literatura suspeita, sem meandros nem sinuosidades.

A leitura da cena, com todos sentados ao redor da mesa, já configura uma interpretação em potencial. Já é o corpo disponível, à espera. Assim que o jovem ator percebe a proximidade do palco, a questão do saber só será admitida se for dissimulada. Não acho que os atores que se assumem como seres puramente instintivos, que não se levam em consideração, que pretendem apenas ser operacionais no seu trabalho cênico, tenham o desejo de aprender qualquer coisa que seja na medida em que isso implique uma relação física, concreta com a atuação. Isto diz respeito até aos alunos instruídos e abertos, fora do palco, com relação à reflexão e à curiosidade intelectual. Quando você convida um especialista renomado para falar em classe sobre tal ou tais autores, de tal ou tais momentos históricos, frequentemente é um fracasso. Ao contrário, esses mesmos alunos podem ficar imensamente fascinados por qualquer um que venha ensinar-lhes a máscara neutra ou o salto em rotação completa sobre o corpo. A transmissão do saber, afora o técnico ou o corporal, faz-se no jovem ator de maneira transversal. O saber está nos livros. O jovem ator saberá, afirma ele, consultá-los se houver a necessidade. Muitas vezes, ele supõe que este não será o caso. Lembro-me que numa manhã, antes de abordar um exercício a respeito da admirável *Carta ao Pai*, tentei fazer com que a turma fizesse uma breve iniciação à obra de Kafka. Alguns alunos estavam diretamente deitados no chão, cochilando ou folheando seu livro. Como fiquei surpreso com isso, um deles contentou-se em me perguntar: "Quando é que vamos atuar?" Esse aluno não era nem o menos dotado, nem o mais insolente.

No início de minha direção do Teatro Nacional de Estrasburgo, em 1983, perguntei a Peter Stein, que se preparava para deixar a gloriosa Schaubühne de Berlim Ocidental, se ele gostaria de dirigir na escola um estágio consagrado a Kleist[1], do qual ele havia encenado, poucos anos antes, um memorável

---

[1] Heinrich Von Kleist (1777-1811): dramaturgo alemão considerado um dos mestres do expressionismo teatral (N. da T.).

Prince de Hombourg (Príncipe de Hamburgo). Ele tinha chegado com uma abundância de documentos de trabalho e fitas de vídeos de espetáculos e pretendia dedicar a primeira das três semanas programadas a uma aproximação textual e audiovisual. Desde o segundo dia, não havia mais do que dois alunos. A questão o perturbou. Ele acabara de completar cinquenta anos. Sentia-se debilitado devido a uma gripe terrível. Um sentimento de fracasso total apossou-se dele. Atribuía o fracasso a si mesmo. Via nisso a prova de que a época da aposentadoria tinha chegado, na medida em que os alunos nada mais queriam a não ser fazerem-no compreender sua impaciência para subir ao palco.

No conservatório também, antes e depois de Estrasburgo, quase sempre experimentei ante os alunos-atores a necessidade de usar somente doses "homeopáticas" nos comentários ou na exposição prévia, e com a condição de que isso fosse uma relação evidente, imediatamente necessária para o trabalho cênico. Isso funciona de outra forma com alunos-cenógrafos ou técnicos que pude, ou que ainda posso encontrar. Porém, curiosamente, os alunos-encenadores que, há alguns anos, veem algumas escolas abrir-lhes as portas, revelam muito cedo a mesma impaciência de passar à ação tanto quanto seus colegas atores. É possível que, muito frequentemente, eles também tenham começado pela atuação, e que tenham diante de si, para ensiná-los, outro encenador, mesmo que de outra geração, mesmo que estes sejam, provavelmente, menos decididos que eles.

RIVIÈRE   O senhor falou do ator "instintivo", que poderia opor-se ao ator "reflexivo", e é verdade que há, no caso, uma justa distinção: justa porque descreve alguma coisa observada na prática... Mas creio que seria o caso de evitar deduzir-se que o primeiro poderia ser tachado de ignorante, e que o segundo supostamente seria um sábio. Não seria antes a modalidade indireta de transmissão que deveria variar em função dos dois casos? Não podemos ser "indiretos" para com o instintivo da mesma maneira que com relação ao reflexivo. E o que talvez seja mais difícil, é fazer sentir ao instintivo que o conhecimento não é uma ameaça ao seu ser de ator, bem como fazer sentir ao reflexivo que ele não será destruído por uma colocação em dúvida ou entre parênteses do saber.

LASSALLE   O pedagogo, assim como o encenador, jamais sabe o suficiente sobre uma obra. Quanto mais ele souber, mais estará livre para multiplicar hipóteses e propostas. Devido a isso, o aluno não deve esperar dele uma transmissão formalizada e exaustiva de seu saber. O mestre sabe. Isso, momentaneamente, é suficiente para o aluno. O que ele vai aprender é de outra natureza.

No teatro, é raro que a progressão seja contínua. Um aluno pode titubear num papel durante meses. Ele parece ficar à deriva, literalmente imobilizado, mesmo que, ao mesmo tempo, os seus meios técnicos estejam desenvolvidos. E depois, um dia, ele escapa. Teve acesso, de repente, àquilo que, até esse momento, não sentia, não compreendia? Ou se deu conta de uma espécie de mudança existencial, como o adolescente durante sua puberdade? Não sabemos. O que se sabe, seguramente, é que essa progressão, ou melhor dizendo, essa "libertação", não poderia ser programada, nem organizada, do ponto de vista único do calendário.

A pedagogia artística difere da pedagogia cognitiva. Ela consiste pouco na transmissão de um saber constituído. O percurso não está demarcado, os alunos são frequentemente imprevisíveis em sua expectativa, os objetivos variam de um para outro. Na singularidade de sua história, de sua sensibilidade, de seu imaginário, os alunos têm sempre uma escuta dupla. A menos determinante é a escuta racional. A outra, da qual muitos dependem, não é aquela desatenta, ausente, de um preguiçoso criado entre a janela e o aquecedor; mas sim a obsessiva, parcelada, meticulosa, maniacamente circunscrita, ou, ao contrário, aquela sonhadora, instável, tal como o pedestre que anda carregando os seus fones ouvindo seu *walkman*. Um aluno que boceja, que vai, volta, entra, sai, que se faz de bobo, tomado de uma estranha agitação, não está propriamente com má vontade. Ele pode muito bem preparar a sua entrada em cena trabalhando dessa forma a construção do seu papel. Quando se pinta um retrato, a pintura não está privada de seu modelo. Acontece o caso de um pintor ter que virar as costas para seu modelo a fim de melhor apreendê-lo. Acontece o mesmo no teatro com o ator diante do mestre. O tempo da disciplina, da concentração, chegará mais tarde, caso tenha que acontecer.

RIVIÈRE Vejo em que sentido é fecundo e produtivo dizer que há um prolongamento entre a pedagogia e a encenação. Mas não é a mesma coisa estar-se num teatro ou numa escola. O que distingue esse tipo de trabalho?

LASSALLE O lugar, o prazo, o horizonte. Um jovem aluno espera menos que você o coloque para ouvir um texto e mais que você se ponha a escutá-lo. Os alunos, às vezes, encantam-se com exercícios elementares (como dar ou receber uma bofetada, como beijar ou cair em cena) e ficam desamparados, agressivos, diante de provocações mais complexas (o riso em meio às lágrimas, o amor-ódio...). O lugar específico do teatro não é o texto na mesa, mas o espaço nu e o corpo em movimento nesse espaço. A primeira coisa a fazer com um jovem ator é aceitar apreciá-lo ali, como ele é, e devolver-lhe a sua imagem. Convide-o a sair de sua cadeira, saia também da sua. Ele tem necessidade de se movimentar e de ser reconhecido por você, movediço, mutante, mas por inteiro. Essa aceitação dele por você é, sem dúvida, a condição de sua aceitação dele por ele mesmo.

Lembro-me, por exemplo, foi há muito tempo, da primeira vez em que fui colocado na presença dos atores que devia dirigir na peça *La Locandiera* (A Estalajadeira) na Comédie Française. O interesse deles parecia dirigir-se menos às minhas modestas declarações de intenção do que às questões de horários, de organização, também à maneira pela qual eu tinha sido levado a escolhê-los, caso, contudo, "alguém" não os tivesse escolhido em meu lugar. Porém, ensaios iniciados, eles ficaram, pelo contrário, muito atentos aos meus comentários de leitura. Muitos dentre eles vinham de interpretar *La Villégiature* (A Vilegiatura) do mesmo Goldoni, sob a direção de Giorgio Strehler. Avaliei que muito do crédito que eles me concederam vinha da pertinência de meus conhecimentos e intuições goldonianas. Eles comparavam aquilo que eu lhes dizia com o que Strehler lhes havia dito, um ano atrás. Antes de começar a atuar, entregavam-se a um jogo tanto de comparações quanto de similitudes, diferenças, divergências, jogo de nuances e hesitações entre as duas propostas.

É raro que se aja assim com um jovem ator. Aos seus olhos, o primeiro desafio da relação pedagógica é ele próprio. O texto, por mais rico que seja, é apenas um dos caminhos para a descoberta de si mesmo. O jovem ator é alguém que nasceu separado, que se resigna mais dificilmente do que qualquer outro a chegar junto a uma identidade, uma função, um papel social. O teatro é frequentemente o refúgio daqueles que tentaram muito antes dele e que a sociedade não quis, que parece não tê-los querido. Depardieu dizia de uma maneira muito agradável: "Sou um sobrevivente da delinquência". Todo jovem ator não é um delinquente em potencial, porém todo jovem ator vive o problema de uma identidade fragmentada da qual não chega a reunir os pedaços sozinho. Mesmo os maiores, de um papel a outro, atravessarão mais tarde zonas de desequilíbrio. A pedagogia consiste talvez em mostrar ao jovem ator que a travessia de um papel pode dotá-lo de uma espécie de equilíbrio, de coerência interior, mesmo que provisória. Aqui, penso sobretudo nos jovens atores. Eles esperam, antes de mais nada, um pedagogo que os ajude a descobrir algo sobre eles mesmos que não sabem. Pedem-nos que os ajudemos a nascer. Ao final de uma sessão de trabalho, o jovem ator raramente lhe pergunta como vai indo com o papel, com a obra, com o projeto que você delineou. Ele lhe perguntará o que você acha dele.

Se um dos últimos desafios do encenador é eliminar do ator o seu gosto de brilhar, o seu narcisismo, ao pedagogo compete, num primeiro momento, fazer sua parte num sentido e no outro. Pode acontecer que, para obedecer ao mestre, o aluno combata o seu amor próprio e sucumba então à desordem, a uma verdadeira ruína interior. Seria preciso também desnudá-lo rapidamente, privá-lo de seu sistema de proteção? O que é que ele sabe? O teatro abrange tudo. O teatro se acomoda tanto aos suntuosos palácios desolados em terra de ninguém quanto aos espaços futuristas dos campos em ruínas. Quanto aos locais. Quanto aos corpos e às almas.

RIVIÈRE No centro do desejo de ser ator, e no coração do próprio ator, encontramos um sujeito despedaçado. O senhor diz que o trabalho do pedagogo consiste em reunificá-lo. Mas se tal sujeito arrebentado é aquele que cria a arte do ator, por que seria preciso tentar dar-lhe novamente uma unidade? A arte e a função do pedagogo não seriam, de preferência, fazer nascer uma relação diferenciada ante esse despedaçamento?

LASSALLE   O ator aparece frequentemente, não sempre, como um sujeito despedaçado. Cada papel participa, do mesmo modo, de um certo despedaçamento. Mas não é a mesma coisa. No despedaçamento dos papéis, o ator acaba por descobrir um princípio de unidade, de construção, mesmo que provisório. Sem isso, ele não poderia refazer-se. Ora, não existe teatro sem a capacidade de refazer-se de um dia para outro, isto é, de integrar novas sensações, novas variações na identidade mantida sob uma forma. Alguns jovens atores enfrentam grandes dificuldades para se refazer, sobretudo quando se trata de interpretar uma peça na sua totalidade. A escola pode ajudá-los nisso, algumas vezes sem sucesso. Por outro lado, no despedaçamento do ator, o papel encontra prolongamentos, virtualidades, melodias, cores, uma transformação, uma nova variação. Mas em arte, tudo acaba sendo o construir-se, o escolher-se, o fixar-se numa duração e num espaço determinados; mesmo quando se trata daquilo que, no início, é despedaçado, desconjuntado, interrompido, contraditório.

O pedagogo não tem que substituir por uma identidade emprestada, artificialmente estabilizada, a identidade frequentemente despedaçada, instável, do jovem ator. Deve ajudá-lo a vivê-la numa relação lúdica, e não mais de angústia, deve ajudá-lo a viver na sua pluralidade, na sua diferença, nas suas ambiguidades, nas suas indecisões e nos seus humores variáveis. O pedagogo pode até ajudar a agravá-los ao revelar-lhe novas partes desconhecidas nele. Se o próprio ser do ator consiste na sua dispersão, nas suas descentralizações, na sua adaptabilidade infinita, no seu consentimento a todas as possibilidades em si mesmas, no seu apetite pelo desconhecido, na sua necessidade de abismos ou de cumes, então não é o caso de reduzi-lo, mutilá-lo através de conceitos tão fechados como o de um papel, modelo, unicidade de sentido, ditadura do dogma ou da tradição. Porém, ao mesmo tempo, seria perigoso abandonar o jovem ator às condescendências ruidosas, superficiais, de sua dificuldade de ser. Ele deve descobrir uma ordem na sua desordem, uma harmonia nas suas dissonâncias para cada novo papel, para cada inserção numa nova coletividade. Nisso haverá de residir, mais tarde, um novo perigo: muitos atores substituem sua imagem problemática, inconstante, dolorosa, que fazem de si mesmos, por outras, como, por exemplo, aquela de um papel particularmente marcante que um dia se lhe impôs. Dessa forma, eles afastam o compromisso incerto, paradoxal, contrariado, que mantêm consigo mesmos, pela imagem lisonjeira e perene que o público escolheu para eles e que, a partir de então, passa a exigir deles. É provavelmente nisso que pensava Jean-Luc Godard quando afirmou: "O ator é aquele que sempre está, mas que nunca é".

O jovem ator, ao contrário, ainda é livre. Ele não existe verdadeiramente nem aos seus próprios olhos, nem aos olhos dos outros. É nesse momento de sua evolução que se deve ajudá-lo para que nunca se refugie numa "imagem pela outra", tão difícil, tão enganadora, tão perigosa, mesmo que tal escolha possa, por vezes, soar-lhe como: "Você apenas existe" – diz o pedagogo ao aluno – "em função de sua capacidade infinita de transformação. Movimente-se, mude e você será. Pare e você morrerá".

RIVIÈRE A atuação não é justamente a relação pacificada com um sujeito dividido, com os elementos explosivos?

LASSALLE Sim, no sentido em que se lhe diz que uma totalidade não é rígida, mas flexível, que existe um jogo entre os elementos que a compõem.

RIVIÈRE Seria preciso desconjuntar para que ele começasse a atuar.

LASSALLE Possivelmente, qualquer atuação comece por uma organização das peças. Como no caso das crianças, sobre as quais sabe-se bem que seu brinquedo preferido é o brinquedo quebrado. O ator também é uma criança que adora quebrar seus brinquedos, mas que deve aprender a consertá-los. Se o mundo nos for entregue como um quebra-cabeça, um jogo de montar, em desordem, a arte pode ajudar-nos a reconstituí-lo. Atualmente, sem dúvida isto se dá mais à maneira da *Guernica*, de Picasso, do que de *A Rendição de Breda*, de Vélasquez.

RIVIÈRE O saber que não serve para nada não poderia, justamente, servir para isso? Penso imediatamente na história de Champollion[2]. Ele decidiu muito cedo que seria ele quem

---

2 Jean-François Champollion (1790-1832): historiador e orientalista francês, criador da egiptologia, foi quem decifrou a escrita hieroglífica do Egito antigo. Em sua obra destacam-se *Gramática Egípcia* e *Dicionário de Egípcio* (N. da T.).

traduziria os hieróglifos. Muito próximo de seu propósito, e ainda muito jovem, tinha finalmente abandonado suas pesquisas durante um ano e partiu para recolher plantas nas montanhas. Pouco mais tarde, descobriu a chave da decifração dos hieróglifos. Recolher plantas foi o saber inútil que talvez lhe abriu os olhos. Seria preciso poder recolher plantas nas escolas de teatro...

LASSALLE O saber dito "útil" nem sempre o é. Deve-se saber abandonar a rota principal, pegar os caminhos transversais, os caminhos entre as cidades. Em arte, há somente meandros, bifurcações, caminhos escondidos, desvios.

RIVIÈRE É possível haver uma escola de desvios?

LASSALLE Que belo oximoro! Uma escola de desvios, não sei. Toda criação mantém a sua parte de rejeição às normas, a sua parte de desvios. O ensino também, mas a escola não forma nem o pintor, nem o músico, nem o cineasta, nem...

RIVIÈRE ...O ator?

LASSALLE Talvez mais, já que a criação do ator é, de alguma forma, complementar. Ele começa sendo somente um intérprete. Por isso mesmo, ocorre a necessidade de escola. Nela, o aluno faz as suas escalas, aprende a arte do copista, desenvolve e diversifica o seu instrumento. "O ator é ao mesmo tempo o violino e o violinista", dizia Jouvet. "Eu sou a ferida e a faca", afirmava Baudelaire de maneira especial. A escola pode contribuir para afinar as cordas do violino, para afiar a lâmina da faca. Porém, a alma do violino, o toque do violinista, a incurabilidade da ferida, como lhes ensinar? E quem? Onde? A escola pode formar os atores, os intérpretes; no entanto, e os artistas?

RIVIÈRE A escola não forma o artista, e contudo os artistas podem sair de uma escola.

LASSALLE Sim, com a condição de que o pedagogo também seja um artista, um criador. A transmissão, nesse caso, não se faz de técnica para técnica, de saber para saber, mas de princípio para princípio, de sonho para sonho, de uma alma para outra. Nesse sentido, o ator tem necessidade, senão de escola, ao menos de um mestre, a fim de que, discípulo e rebelde, chegue com a confiabilidade do intérprete à vulnerabilidade do artista. Quando isso acontece? Como? Desde o primeiro instante, provavelmente. Mas quem o sabe? O mestre, sem dúvida. Ele deve então redobrar a exigência, a atenção desconfiada, a ternura áspera com relação àqueles que acha que pode escolher.

RIVIÈRE O que poderia legitimar, para o ator, a escola na sua qualidade de artista e não somente na qualidade de intérprete é o aprendizado necessário da "impureza" coletiva. Quero dizer que o trabalho teatral, o próprio exercício da arte é feito, enquanto obra coletiva, de adaptações, compromissos, incompreensões transitórias ou definitivas, de renúncias... E essa "imperfeição" não é apenas uma dificuldade como qualquer outra, a da pedra para o escultor, ou o fato de um verso precisar formar doze sílabas para um poeta, visto que é uma dificuldade humana e não material. Ela não é um defeito lamentável, pois é constitutiva dessa arte. É por isso que, sem dúvida, alguns grandes encenadores fizeram muito poucas ou quase nenhuma encenação, como Craig ou Appia. É por isso, igualmente, que não gosto muito do trajeto artístico de Copeau, pontuado por abandonos ou expulsões, como se, aos seus olhos, a "impureza" coletiva do teatro manchasse irremediavelmente a grandeza do ideal. Pode-se também observar na obra de alguns encenadores a obstinada vontade em reduzir essa impureza, em sujeitar artisticamente o ator, e aí penso em Grotóvski ou em Vassíliev.

LASSALLE Essa busca da pureza, de rarefação extrema do signo e da palavra, não acontece sem que seja discutível. Atualmente, pode-se detectá-la, por exemplo, em Régy, em Vassíliev, até mesmo em Bob Wilson. Tenho medo de, por vezes, perceber nisso como que um retorno ao irracional, à fuga de sentido, a místicas fúnebres, ao indizível e ao inefável preconizados por certas liturgias. No pior dos casos, a regressão, a hipnose, o espírito de seita são ameaçadores. A intolerância dos discípulos só tem paralelo com sua fúria de purificação. Palavra terrível, de vestígios terríveis.

Contra o perigo de inclinações tão radicais, curiosamente em consideração a muitos jovens, pelo menos duas lembranças se impõem. No teatro, mesmo a abstração ganha corpo. Ela se encarna em corpos compulsivos, sexuados, cheios de humor, em movimento, em tensão, em esforços divididos entre o descaminho e a proibição, carnavalescos e mendigos se preciso for. De uma maneira ou de outra, o teatro não pode fazer economia do mundo no qual está inscrito, do momento histórico em que atua. Ele é por excelência um processo de socialização: isso se dá no palco, onde o ego do ator atinge o "nós" do grupo; na sala, onde as percepções individuais não suprimem a consciência do pertencimento à coletividade. Porém, se o aluno jamais acabará com suas pulsões narcisistas, a escola tampouco acabará com a tentativa de continuar sendo, simultaneamente, fortaleza e casulo.

É por tais razões que, como pedagogo, sempre tentei fazer evoluir minha aula, que parte de uma justaposição aleatória de individualidades caminhando para um grupo unido por práticas e apostas partilhadas. Também é por essas razões que tentei sempre sair para "fora dos muros", sair fora do repertório e do setor profissional, para ir com meus alunos ao encontro do mundo real, nos bairros da metrópole, nos subúrbios de operários e mestiços, nas cidades desertas, para qualquer lugar onde possuir um trabalho se mantém como a primeira das felicidades, onde não ter trabalho significa condenar-se a guetos intoleráveis. Do mesmo modo, sempre insisti em ter uma oficina dedicada aos teatros marginais (comunidades carentes, prisões, hospitais etc.) funcionando permanentemente na escola.

"Entre o mundo e você, escolha o mundo" dizia Kafka. Dezesseis anos de Théâtre Studio, em Vitry-sur-Seine, me vêm à memória cotidianamente. Não me arrisco mais a esquecê-lo.

RIVIÈRE Colocando de lado o coletivo, outro ponto me parece legitimar a escola para o ator, tanto quanto para o artista. Trata-se do aprendizado da dificuldade do olhar. Um dia, um aluno veio me ver no final do curso e me disse: "Como o senhor faz para achar interessante aquilo que lhe dizemos?" O aluno, sem dúvida, não tinha a menor ideia de que tinha acabado de me fazer um cumprimento. Eu dizia a mim mesmo que seria bom se o aluno aprendesse a trabalhar a dificuldade de um olhar que desloque o seu ponto de vista sobre si mesmo. O aluno então descobriria que aquilo que parecia estar ao seu lado, secundário, insignificante, e ao qual ele não prestava atenção, fazia parte dele, tinha um sentido e um valor.

A escola permitiria aprender a viver sob a imposição desse olhar que se desloca.

LASSALLE   O que significa, no teatro, olhar verdadeiramente para o outro? Experimentar, de verdade, o contato de sua mão, de sua pele? Encantar-se com um gesto na vida milhares de vezes recomeçada, espantar-se com um objeto, aliás, milhares de vezes utilizado? O que significa descobrir a impossibilidade repentina de falar no meio de uma frase, de movimentar mais fortemente um movimento? Uma verdadeira pedagogia do teatro conduz sempre, de uma maneira ou outra, à estranheza do familiar, ao estalo do monótono, à desconfiança dos momentos ditos "fortes", à riqueza dos momentos ditos "fracos". Como exprimir simultaneamente o entusiasmo do desejo, a força de sua proibição? Como chegar à impenetrável simplicidade do pouco, ao infinito do quase nada? São essas as questões que sempre se fazem presentes entre o mestre e o aluno. Atua-se sempre pela primeira e última vez. Não há lugar para o habitual, para o indiferenciado, para a atuação corriqueira, para a falsa aparência, para a aproximação, para a palavra negligenciada pelo pensamento ou pela sensação. Do contrário, a arte se evapora. Frequentemente sem volta.

Nesse ponto, estamos longe de um teatro visceral, do paroxismo contido nas orgias de decibéis, nos efeitos especiais e projeções coloridas. Mas na sua impaciente doçura, a pedagogia da atuação não agride menos o aluno do que a do excesso ou da ofensa. Acontece mesmo, nos primeiros momentos, que o aluno, seguido mais de perto, desnudado internamente, rebela-se. As mais belas declarações de amor, no teatro, começam frequentemente na recusa ou no afrontamento: "Não posso fazer nada", diz o aluno ao mestre, com esse olhar diferente que você está me dirigindo, com essa liberdade à qual você me convida. "Vejo nisso uma recusa do teatro, e não o aceito." Porém, acontece de o mestre perceber o murmúrio do sim no fracasso do não. Chegará um dia em que o aluno, dominado e talvez conquistado, dirá: "Era somente isso, então, que o senhor estava pedindo? – Sim, apenas isso –, responderá o mestre. – Nada além disso".

Quarta Conversa
13 de junho de 2003

O GESTO EXATO. A OBSERVAÇÃO, O REALISMO, A INICIAÇÃO.
AS DUAS HISTERIAS. A EXCITAÇÃO DO ESPETACULAR,
A DISTÂNCIA, A "PENSATIVIDADE"[1]. A ESCUTA DO OUTRO.
O CORPO DEVORADOR.

JEAN-LOUP RIVIÈRE No início destas conversas falamos da tradição, ou mais precisamente da tradição ausente, mais tarde falamos da dicção. Gostaria que falássemos da aprendizagem do gosto pelo gesto. Não há, ou não há mais, código gestual fixo, quer dizer, um modo estereotipado de significar corporalmente uma emoção ou uma paixão. Mas isso não significa que não se deva ter um aprendizado do gesto. Eu começaria, com prazer, a partir de uma lembrança, a encenação de *Os Justos,* de Camus, há alguns anos, no Odéon. A peça, que coloca em cena jovens revolucionários russos, bem no início do século XX, foi deslocada temporalmente e se passava nos anos de 1970. No transcorrer do espetáculo, viam-se jovens revoltados fumando nessas reuniões, e fiquei muito irritado pelo fato de que os atores não sabiam segurar um cigarro. Nos militantes revolucionários dos anos pós-1968 há uma maneira muito peculiar de segurar um cigarro, de soltar a fumaça etc. O signo referente à mudança de época não poderia ficar, a meu ver, reduzido à cenografia e ao figurino. O gesto era falso e todo

---

[1] *Pensivité*: neologismo da língua francesa. Diz-se daquele que tem caráter pensativo (N. da T.).

esse pequeno detalhe destruía não somente a verossimilhança, como também a atitude estética do espetáculo. A indiferença a esse detalhe era o sinal de uma indiferença mais generalizada no que diz respeito ao trabalho sobre a forma. Os atores em formação não deveriam fazer "apontamentos" gestuais? Um pintor utiliza o seu pequeno caderno de rascunhos, Messiaen[2] ia escutar os pássaros... A observação da realidade não deveria ser estimulada pelo aprendizado? A exatidão do gesto faz parte de um saber a ser adquirido. Não há um realismo indispensável na arte do ator?

JACQUES LASSALLE Isso coloca, sem dúvida, também a questão da relação com a imitação. A imitação é um dom maravilhoso, porém é específico, e mesmo quando se trata de um ator, o seu dom de imitação não tem nada a ver, exatamente, com a arte do ator. Anedota por anedota, recordo-me de uma passagem em Moscou, há alguns anos, durante a turnê de *O Misantropo*. Iríamos tomar o café da manhã numa das imensas salas do restaurante do hotel moscovita para estrangeiros. Wladimir Putin tinha acabado de suceder a Boris Yeltsin no governo russo. Nós fazíamos alusões à atualidade. De repente, Andrzej Seweryn, Alceste que estava de bom humor naquela manhã, desapareceu momentaneamente, prevenindo-nos de que iria nos fazer uma surpresa. Alguns instantes mais tarde, empurrando a enorme porta principal com um rápido tapa com as costas da mão, ele veio até nós, as pernas ligeiramente arqueadas, a traseira baixa, os braços esticados em sentido contrário ao movimento mecânico das pernas, impassível, tentando enxergar melhor, talvez com um leve sorriso congelado nos lábios. Era Putin-Seweryn, inspirado sem dúvida nos séculos de litígio russo-polonês, que vinha "clonar", sob nossos olhares, o novo presidente russo. Ficamos divididos entre o riso e uma espécie de pavor. Um ano mais tarde, quando fui convidado juntamente com alguns encenadores russos e estrangeiros para nos encontrarmos na casa dele

---

[2] O francês Olivier Messiaen (1908-1992) foi compositor, organista e ornitologista. Na Batalha da França, foi feito prisioneiro de guerra e durante a prisão compôs o *Quarteto para o Fim dos Tempos*. Ao deixar a prisão, em 1941, foi nomeado professor de harmonia e em 1966 tornou-se professor de composição no Conservatório de Paris, onde permaneceu até 1978 (N. da T.).

para uma "conversa informal" com o mestre do Kremlim, vi a enorme porta abrir-se e Putin vir até nós. Era Seweryn! Quase morri de tanto rir.

Antoine Vitez foi provavelmente o maior imitador que me foi dado conhecer. Feroz pela ação reiterada de ternura, imitava somente pessoas próximas e amigos. Ele os fazia retornar ao mais secreto de si mesmos, por intuição, por profunda empatia, um pouco como o fotógrafo que ele também era, como tinha sido seu pai, e que sabia descobrir em seu modelo um relâmpago instantâneo, a impressão que o mesmo lhe passava.

De minha parte, meus alunos, meus atores, imitaram-me muito. Parece que isso não é muito difícil. Há tempos, quando chegava à minha aula, ou mesmo ainda hoje quando entro numa sala de ensaios, os presentes explodiam, ou explodem, de tanto rir. No início, eu me espantava, e então me explicavam que este ou aquele aluno tinha acabado de me imitar. Às vezes, aceitavam recomeçar na minha presença. Sob o estímulo cruel da observação, eu adivinhava algo assim como que uma declaração de amizade.

Só se imita bem aquele de quem se gosta. Ao imitar, frustramo-nos, mas não se pode falar exatamente em criação. O ator, ele mesmo, não imita a realidade, ele a reconstrói. A partir de elementos da observação, ele inventa uma figura nova, para a qual toma emprestados diversos modelos, condensa-os, e os transcende todos. Don Juan é muito mais que a cópia do príncipe de Conti, Alceste muito mais que a cópia de La Mothe Le Vayer ou do duque de Montpensier. Em *O Grande Ditador*, Chaplin faz muito mais do que imitar Hitler. Ele volta suas armas contra ele e o critica mortalmente. Volto a pensar naquela espécie de pavor que experimentei diante de Seweryn-Putin. Seweryn fazia mais do que imitar Wladimir Putin. Ele fazia brotar de si próprio aquilo que havia nele de Putin. Por meio da interpretação feita à maneira dos "mestres loucos" africanos, dos possuídos de Strindberg, ele se libertava disso.

RIVIÈRE   Seria preciso que houvesse oficinas de imitação...

LASSALLE   Com a ressalva de que temos que nos lembrar: imitar, nesse caso, não consiste em reproduzir, mas sim em recriar; pela condensação e decomposição de vários gestos em um, para se atingir uma espécie de gesto genérico, jamais visto e contudo familiar.

RIVIÈRE   O que levaria ao ponto de dizer que se poderia representar alguém arrancando-lhe justamente aquilo que não lhe pertence propriamente...

LASSALLE   Ou então procurando o meio de universalizar e historicizar, algumas vezes, aquilo que inicialmente poderia parecer apenas o caso de uma única pessoa. Um bom imitador raramente é bom ator. Isso porque os papéis que ele recebe a incumbência de representar não têm, na vida, modelos que lhe sejam anteriores. O papel é uma ficção que só pode ganhar corpo em uma outra ficção: aquela que o ator produz dia após dia, a partir do seu imaginário, de sua memória, das suas mentiras mais verdadeiras do que as verdades da vida.

RIVIÈRE   Seria um pouco como o trabalho de um tradutor.

LASSALLE   Se você quiser assim.

RIVIÈRE   Uma imaginação ao mesmo tempo livre e influenciada.

LASSALLE   Nesse caso, mais do que traduzir é passar de uma língua para outra, enquanto atuar é, ao mesmo tempo, passar de um corpo imaginário, aquele que é induzido pelo texto, para o corpo do ator, que se encontra disponível no palco. Desse ponto de vista, encontrar um gesto preciso para o ator é, da mesma forma, arrancá-lo do natural da vida e fazê-lo atingir a totalidade do papel por meio da apreensão, da colocação em evidência de um detalhe aparentemente minúsculo. O teatro é, antes de mais nada, metonímia. Através da parte atinge-se o todo.

RIVIÈRE   O senhor se lembra de trabalhos relacionados com a elaboração de um gesto exato?

LASSALLE   Em uma de minhas últimas encenações, adaptada de uma narração de (Marguerite) Duras, a ação se passa em Paris durante o verão de 1944; são os últimos dias da Ocupação. O personagem chega de bicicleta. Ele está vestido com uma roupa soberba de três peças e protege sua calça com presilhas de bicicleta. Como tirar e tornar a colocar as ditas presilhas sem alterar a elegância do personagem? Era preciso aliar justeza de observação, precisão documentária do gesto da mão e um humor delicado do oximoro relativo às vestimentas. Quanto a esse aspecto, o gesto excede a anedota; num relâmpago ele restitui o clima, a cor, o experienciado, o reencontro de um momento histórico, nesse caso o da França ocupada, do toque de recolher, dos cartões de fornecimento de suprimentos, dos gasogênios, dos táxis-triciclo, da fome e da delação. Um gesto, no teatro, deveria ser sempre novo, escolhido, distinto do estereótipo, da insignificância ordinária que o ameaça. "Espaceie e recorte os teus gestos no palco da mesma maneira que o tipógrafo imprime as palavras sobre a página", pedia Walter Benjamin aos atores.

RIVIÈRE É um tema muito importante. Tenho a impressão de que a formação dos atores não permite suficientemente o trabalho de observação, sem dúvida porque se imagina que esse tipo de trabalho é sempre efetuado somente numa perspectiva realista, ao qual ele não é redutível. Isso me faz pensar, por exemplo, num *topus* gestual: o alcoólatra prestes a beber. Os atores o fazem frequentemente de forma frenética, enquanto que a observação de um alcoólatra num bar mostra-o atento, precavido, discreto, até moderado e quase cerimonioso. Uma observação mal feita não é uma falta contra o realismo, mas contra o próprio teatro, pois não existe teatro sem realismo: a presença real de um corpo humano faz com que a questão do realismo se coloque e que seja sempre colocada, seja qual for a estética do espetáculo, naturalista, simbolista, burlesco etc.

LASSALLE Antes de filmar *O Batedor de Carteiras*, Robert Bresson pediu a seu ator, Martin Lassale (não um ator, mas um modelo, como ele dizia no sentido pictórico do termo), para estudar com um grande ilusionista, durante algumas semanas, a técnica do roubo de carteiras, com comparsas. Ele quis que esse treino fosse meticuloso, obsessivo, reduzindo o risco ao mínimo e trazendo consigo, no entanto, o medo e os prazeres. O filme é um documentário magnífico sobre "a arte" do batedor de carteiras, simultaneamente virtuosa e demoníaca. Mas, no seu desfecho, no seu olhar decantado de tudo aquilo que não seja a sucessão essencial e musical dos gestos do ladrão, o cineasta está nas antípodas de um cinema documentário. Realista, sim, porém à força da estilização, quase da abstração. Não é preciso descer e ficar por três semanas no fundo de uma mina para representar um minerador; mas pode se tornar indispensável aprender os gestos de um minerador ou de um trabalhador numa linha de montagem. Chaplin, em *Tempos Modernos*, vai muito além do simples mimetismo; porém ele faz-lhe empréstimos parciais e seletivos para exprimir a totalidade de uma condição no universo concentracionário da grande indústria. Em arte, é preciso sempre preservar algumas pepitas de realidade para alcançar a verdade suprema do mentir verdadeiro.

RIVIÈRE É exatamente por essa razão que a questão da observação não é redutível a uma perspectiva realista.

LASSALLE A observação já é uma criação. A arte consiste muito mais em suprimir do que acrescentar. Os gestos dos quais estamos falando são os gestos apurados, escrupulosamente analisados, desconstruídos e depois reconstruídos a fim de preservar somente o essencial. Pode-se encontrar o mesmo processo na operação de passagem do oral para o escrito. Quando queremos preservar no escrito alguma coisa do falado, tudo que estiver na categoria do aproximativo, da onomatopeia, das inflexões, de suspensões da frase falada, deve ser escolhido e reconstruído.

Há milhares de maneiras de se falar do vinho. Há também milhares de maneiras de servi-lo, de abrir a garrafa, de bebê-lo. Mas o ator deve escolher, a cada vez, uma maneira e nos surpreender com ela, como se se tratasse de um gesto descoberto pela primeira vez e, talvez, pela última.

RIVIÈRE É engraçado, esses exemplos remetem preferencialmente aos tóxicos: o tabaco, o álcool...

LASSALLE É indiferente o fato desses exemplos terem relação com o álcool ou o tabaco – esquivo-me da responsabilidade de tachá-los ou não de tóxicos – ou de remeterem a qualquer outra coisa; o fato é que há sempre uma sensualidade no gesto preciso. Ele deve ser saboreado, salivado, reconhecido pelo aroma, como no melhor da arte culinária. Sob esse ponto de vista, o contista Dario Fo[3] é extraordinário. Tão preciso e documentado, tão atento à historicidade quanto os melhores atores do Berliner Ensemble[4] na época do *gestus* brechtiano, ele introduz acessoriamente uma alegria polêmica, uma dilatação

---

3 O italiano Dario Fo é escritor, dramaturgo e comediante, ganhador do Prêmio Nobel de Literatura em 1997 (N. da T.).
4 Companhia teatral fundada em 1949 pelo dramaturgo e poeta alemão Bertolt Brecht na antiga Berlim oriental (ex-comunista) (N. da T.).

carnavalesca, um prazer corporal propriamente irresistíveis. Todo jovem ator deveria estudar longamente a arte de Dario Fo; aliás, como também a de Karl Valentin, de Pierre Etaix, de Jacques Tati e, claro, dos burlescos, do filme mudo americano, Buster Keaton para começar. Ele deveria também, incansavelmente, frequentar o circo (o antigo e o novo) e o *music-hall*. (Ah, o gestual de uma Piaf, de um Montand, de um Salvador ou de um Sammy Davis Jr., você sabe, aquele de quem seu amigo Sinatra afirmava que era um irresistível sedutor mesmo sendo negro, anão, judeu e caolho…)

RIVIÈRE   Tenho a impressão de que há, hoje em dia, um culto à "energia" que tem como consequência o abandono do trabalho sobre as formas. Faz-se os alunos acreditarem que seus corpos estão nos seus corpos…

LASSALLE   …E, nesse caso, é preciso sair para procurá-los em outro lugar. O teatro tem horror ao corpo histérico. Ora, espontaneamente, o ator é histérico. Os atores acham que sua histeria é garantia de sua autenticidade, do seu comprometimento, de sua oferenda a si mesmos. Sempre tento "acalmar a parte contrária". Desde a primeira leitura, peço aos atores que não me proponham nenhuma interpretação. "Não atuem. Deem a entender apenas o esforço de concentração que exigem de si mesmos para compreender o que estão lendo." No teatro, nada mais existe a não ser habitar o seu pensamento, de mostrá-lo no trabalho. Amiúde, vê-se tanto muitos atores ausentes do pensamento no texto quanto ausentes dos seus próprios pensamentos. Nesse caso, é possível ver-se um grande ator num estado que se poderia chamar de presença multiplicada: presente no pensamento do texto, na maior ou menor qualidade de escuta dos seus parceiros e do público, presente da mesma forma nos pensamentos e sentimentos que, ao mesmo tempo, o atravessam. "Vocês, comecem já a estar presentes sem interrupção no pensamento do texto que estão proferindo. Que o texto não fale no lugar de vocês. Que ele não os preceda, nem os 'deixe no meio' do caminho. Não o sacrifiquem muito menos às ideias paralelas, às invenções do papel, por mais gratificantes que sejam. Não sejam como o intérprete de uma fábula de La Fontaine, que pronuncia de forma inaudível o 'canto dos pássaros' de seu modelo, tão encantado fica com sua 'plumagem' e com os sons e os gracejos que inspiram. Em seguida, e somente em seguida, viriam outras questões", digo frequentemente aos meus alunos. "Tchékhov percebeu, nos grandes atores, a capacidade de se precaverem de certas falhas de memória em meio à mais absoluta concentração. Sejam como esses leitores-viajantes que, vez ou outra, levantam os olhos da página e olham, através da janela ou da escotilha, para o céu, para as paisagens que se sucedem, o espírito sempre atento àquilo que estão ocupados em ler. O que denominamos de presença do ator é, possivelmente, a sua dupla capacidade de, em meio à maior concentração, arrebatar o seu público, simultaneamente dentro e fora, no interior e nos confins do papel, no próprio ritmo de sua respiração e de sua fantasia."

Quanto ao corpo, ocorre a mesma coisa. Nunca se determina o primeiro gesto suficientemente. Ele gera todos os outros. É o *incipit*. Da mesma forma que a primeira palavra, o primeiro toque no tecido, a primeira nota, o primeiro gesto é decisivo. Aqueles que se seguirem serão feitos à sua imagem, escolhidos, senhores de seus contornos, de sua rapidez de execução, livres para se realizar até o seu fim ou para interromper-se como que suspensos. O ator, simultaneamente, espanta e transmite segurança. A surpresa chegará, mas tão violenta, tão repentina quanto o possa ser; ela não colocará jamais em perigo a nossa tranquila certeza de estarmos no teatro, de continuar no reino da sugestão, do sonho, do simbólico, que partindo totalmente do real, não deseja ser mais do que a promessa manifesta de outras realidades até ali dissimuladas.

O jovem ator frequentemente começa exagerando ao interiorizar em excesso as modalidades de expressão físicas ou afetivas de ordem histérica. Isso porque, hoje em dia, uma grande parte do teatro convida-o a todos os paroxismos e exageros, na embriaguez de uma conquista desenfreada do espetacular desmedido, de um deboche descontrolado de energia, de um exagero desmedido, e o avilta como se fosse cobaia manipulada, como fantoche desvairado e desarticulado.

Como proporcionar-lhe o gosto pela paciência, pela distância e pela "pensatividade" necessárias? Como lembrar-lhe da atuação como construção, do papel como partitura e não como identificação ilusória? Como convidá-lo à escuta, a "reagir" ao outro, ao invés de ceder unicamente às loucuras, às tribulações e às compulsões do ego?

RIVIÈRE No início de nossa conversa, evocamos o realismo e a observação; o que dissemos então está ligado ainda ao aprendizado da interpretação com um parceiro. "Escutar o outro" é uma técnica, uma disposição de espírito, um conselho? Como podemos aprender a escutar?

LASSALLE Quando eu mesmo era aluno no Conservatório de Paris, o outro, o olhar do outro, a reatividade do outro, a voz do outro, o corpo humoral do outro, orgânico, animal, tanto quanto social, estético e cultural, na realidade ele não importava, nada do outro importava. Tínhamos somente que dar conta do texto, da oralização do texto. O fato de mudar de parceiro, de não ter trabalhado com ele "antes" de "apresentar" a cena solicitada pelo professor, não tinha grande importância. O citado parceiro estava encarregado apenas de "fazer a réplica do diálogo". De onde resultava a extensão da função à pessoa. "Estou procurando uma réplica", "Perdi a minha réplica", "Você poderia me ajudar a achar uma réplica?" Essas são expressões ouvidas habitualmente nos dias de concurso no conservatório ainda hoje. Em alguns cursos, em algumas classes, certos alunos, protegidos por armaduras, tornaram-se "especialistas em réplicas", algo como os "substitutos de plantão" no cinema ou na ópera. Frequentemente, tinham algumas ideias sobre o movimento a ser dado à cena, sobre os "lugares" geralmente mais apreciados pelos professores e pelos examinadores. Os alunos mais novos os escutavam. Esta era também uma maneira de transmissão.

Atualmente, após tantos anos, "o outro" encontrou devagar o seu lugar em todas as formas de teatro. Nem sempre como conviria. Também nesse domínio, seria interessante fazer o esboço de uma "patologia" de excessos ou erros. Após a redescoberta de Artaud por volta de 1968, da contribuição de Grotóvski, das tradições chinesas, hinduístas, japonesas, da dança-teatro desde Cunningham e Pina Bausch, do retorno das máscaras da *Commedia dell'Arte*, o corpo, o seu, o do outro, preenche plenamente o espaço. Abusivamente, exclusivamente algumas vezes. Não se tem mais temas, história, sentido constituído, troca de texto, tem-se uma indistinta tagarelice gritada, murmurada, palavras salmodiadas, na opressão de corpos supliciados, extasiados, desnudados ou, ao contrário, cobertos de ornamentos para estranhas cerimônias.

Há também outros "devoradores", parceiros hegemônicos, vampirescos, para os quais nada preexiste à obra, à situação, à identidade dos papéis. Esse parceiro-guru é por vezes o encenador ou até o próprio pedagogo, em cuja ausência qualquer um "habita", confisca a obra em proveito próprio, instrumentaliza e manipula infinitamente os pensamentos, sentimentos, as sensações de seus parceiros ou intérpretes. Sonho com a terrível figura de *Monsieur Ouine* (*Senhor Sim-Não*), de Bernanos, o luminar, dissimulado, hipócrita, importunado por desejos, carregado de proibições, negador incansável, travestido de dialético, na verdade um mero contestador, especializado em sofismas capciosos, no final das contas castrador, amante canibal de carne fresca.

Seria preciso falar também do ator-estrela. Ele não nega o outro. Sabe valer-se dele, mas se possível fora de enquadramento, quando a câmera não o esteja filmando, e que filme somente o seu rosto de estrela ouvindo na ausência da tela, no afastamento da cena, ou respondendo-lhe. Diminuir, encobrir, subsidiar para fora do círculo luminoso do projetor em fuga, finalmente negando a presença do outro até que essa prática se transforme em prática corrente no *star-system*. Infelizmente, é mais do que uma bobagem, cujo aparente beneficiário não aparece. Recordo-me de um cartaz: ele representava a atriz-vedete ajoelhada aos pés de um parceiro sem rosto e sem busto. "Amanhã, vou mostrar o corpo inteiro", teria dito alegremente com precaução o "decapitado" à estrela, da qual, de resto, ele admirava sem dúvida o talento e não subestimava seu poder de influência e emprego.

Acontece também de o outro não falar mais. Que ele (ou ela) não seja mais que um grito na sua garganta ou uma nota continuamente empacada nos agudos. Nada resiste a esse tipo de formalismo vocal. Nem a obra atomizada, nem o parceiro "embaraçado", nem o espectador há muito tempo esquecido, abandonado em algum lugar no cais... O corpo não se limita às vértebras superiores: "Atores, meus alunos, meus amigos, meus companheiros, por favor, não gritem, não cantem, contentem-se em falar, em responder somente na medida daquilo que vocês compreendem e daquilo que vocês sentem. Nem menos, é claro, nem mais, nada mais".

Quinta Conversa
16 de junho de 2003

O PENSAMENTO DO CORPO. SABER REINTERPRETAR.
"O INSTANTE DECISIVO." O PRIMEIRO MOMENTO.
APRENDER A REFAZER. SABER ESQUECER. ESTAR PRONTO
PARA ATUAR. O DOM E O TALENTO. O ARTISTA, A CRIANÇA,
A ESCOLA. ANULAR-SE, ENVOLVER-SE.

JEAN-LOUP RIVIÈRE Na última vez em que conversamos a propósito da escuta, chegamos a falar dos "estados" do corpo. Há muitas ilusões sobre o corpo do teatro, o corpo no teatro. Elas partem da ideia, que é antes de mais nada uma crença, segundo a qual quanto mais nos distanciamos do código, mais nos aproximamos de uma verdade. Ter-se-ia, nesse caso, uma versão estética da ideologia pétainista[1]: "O corpo não mente". Exibir o corpo, fazê-lo ecoar a materialidade, seria escapar ao código, consequentemente à mentira, à inautenticidade, ao que não interessa. É uma ilusão, não há nada mais "codificado" que o corpo. Veja a dança... Na realidade, a fuga "energética" aproxima-se do "codificado", ao pretender distanciar-se dele. É ideia corrente que quanto mais se é agitado, frenético, sanguíneo, mais se é verdadeiro, profundo, sincero... Ora, no

1 Marechal Henri Philippe Benoni Omer Joseph Pétain (1856-1951): militar francês, líder do governo instalado na França pelos nazistas durante a Ocupação. Propôs a substituição dos valores liberdade, igualdade e fraternidade, defendidos em 1789, por família, trabalho e pátria. Seu regime seguia uma ideologia ultraconservadora, de cunho católico-tradicionalista, antidemocrático e anticomunista, sustentado por uma direita fascista, na época, a *Action Française* (Ação Francesa) e ainda com características racistas, empenhada em ações antissemitas (N. da T.).

teatro, sabemos, o sangue e os humores são cosméticos, ornamentos. Por outro lado, ao mesmo tempo é um problema bastante complicado: o senhor falou ainda há pouco sobre a histeria e a necessidade de se lhe escapar. O senhor tem razão, o teatro que amamos é aquele que preservamos, mas ao mesmo tempo não existe mais teatro sem histeria, se por isso entendermos – a definição não é muito rigorosa –, um "corpo que se põe a 'falar' na falta de outra 'língua'". O teatro não pode privar-se de certa histeria: ele coloca no palco um corpo que tenta articular aquilo que a linguagem não consegue, ou que imagina tacitamente, ou que desmente etc. É, sem dúvida, a missão mais delicada na arte do ator e, portanto, na sua formação: desfazer-se de qualquer histeria nele existente.

JACQUES LASSALLE Você tem razão: trata-se de recusar completamente qualquer histeria existente nele ou, talvez, caso se queira deixar mais claro, modificar a histeria. O teatro tem horror ao pleonasmo. Se a atriz que interpreta Fedra acentua a histeria de seu próprio corpo, ocorre um pleonasmo e uma sobrecarga. Nenhum papel preexiste àquele ou àquela que o interpreta. No entanto, aquele ou aquela que atuam transformam seu corpo durante a construção de seu papel. A histeria dos pacientes de Charcot[2] é apaixonante: ela se torna o seu próprio teatro. Porém, não tem nada a ver com a histeria escolhida, controlada, transformada da atriz que interpreta Fedra. Esta é a histeria perturbadora, jamais vista até então, do corpo singular, contrariado, irradiado pelo papel, tal como a atriz o recriou, e não a sua histeria, a dela, ou aquela, previsível e insignificante de determinado modelo anterior, de determinado arquétipo de convenção.

Para alcançar essa transformação do corpo do ator, por conseguinte sua histeria habitual, o encenador pode, com precaução, alternar a argumentação, a delicadeza ou a tensão de

---

[2] Jean-Martin Charcot (1825-1893): médico e cientista francês, destacou-se no campo da psiquiatria na segunda metade do século XIX. Foi um dos fundadores da moderna neurologia. Suas maiores contribuições para o conhecimento de doenças do cérebro foram o estudo da afasia, a descoberta do aneurisma cerebral e as causas da hemorragia cerebral. Em seus estudos, concluiu que a hipnose era um método que possibilitava o tratamento de diversas perturbações psíquicas, dentre elas a histeria. Foi professor de diversos alunos ilustres, dentre eles Sigmund Freud (N. da T.).

certo arrebatamento. Nada de tática no seu esforço. Uma exigência incansável e a transparência da paixão: "Não poderemos continuar assim, nesse engano, nessa insatisfação, nessa vaga elaboração de um procedimento técnico, de um fingimento. Seu insucesso é antes de tudo o meu. Nem você nem eu podemos prosseguir desse modo. Devo dizer isso não obstante o incomode, mesmo se você e eu não conseguirmos dormir à noite. Basta que você o admita. Quero conhecê-lo. Quero que você se surpreenda ao me surpreender. Quero despertar para outra coisa com você, graças a você. Este ideal de ultrapassar-se a si mesmo, do desaparecimento de si mesmo em você, é o único presente que, absolutamente, eu lhe devo!"

Acontece ouvir-se sobre meus espetáculos: "A encenação é invisível, mas jamais tinha visto esse ator, essa atriz, como os vi hoje". Considero esse tipo de comentário como um elogio, mesmo que se oponha àquilo que eu esperaria que se dissesse. "Obrigado por me destruir", deveria dizer qualquer ator ao seu encenador acrescentando, a partir de Kafka: "Se você não me tivesse destruído, teria sido meu assassino". Visto que, acabar com o convencional, o estabelecido, o apresentável, o esperado em arte significa renascer, recuperar a vida.

"O corpo tem seu próprio pensamento", disse em algum lugar o coreógrafo William Forsythe. Apenas (em muitos casos), ocorre que o corpo pode traduzir as ambivalências, os encadeamentos trançados, torcidos de nossos pensamentos e sensações. Partir do corpo, interrogar o pensamento do corpo para construir um papel: quantas vezes, com meus alunos, com os atores, comecei por isso!

RIVIÈRE Ouvi-o utilizar a seguinte fórmula: "Não interpretamos, reinterpretamos". Isso significa que representar é sempre reinterpretar? Contudo, o "refazer" supõe que algo se mantém. Aprendemos, nesse caso, a "fixar"? E como? A habilidade do ator consiste no "saber refazer"?

LASSALLE A questão do "refazer" colocou-se para mim, muito cedo, como a questão principal. Meu amor pelo cinema – quantas vezes não disse que o cinema nasceu do teatro e que eu próprio nasci do cinema? – conduziu-me, por instinto, a buscar "a melhor tomada", aquilo que o fotógrafo Cartier-Bresson define como "o instante decisivo". Sempre há, durante um ensaio, de um exercício em aula, um "instante decisivo". Tudo aquilo que preparamos, comentamos, recomeçamos, desaparece ante o surgimento do imprevisto, do milagre da vida recuperada repentinamente em meio ao artifício. A irrupção desse momento encantado suscitava minha surpresa e gratidão, e, na maior parte do tempo, nem sempre, também acontecia com meus alunos ou intérpretes. Chamei esse momento como "a boa tomada", e convidava todos a confiná-lo exatamente em um canto de sua memória, a fim de recuperá-lo quando nos fosse necessário.

Porém, não sabendo, nem querendo muito "fixá-la" de uma só vez, com medo de alterar sua evidência e sua graça, adiava para mais tarde, por vezes para muito mais tarde, o cuidado de recuperá-la. Nestas condições, "a boa tomada" perdia-se, algumas vezes para sempre. Como recuperá-la? Por muito tempo, tanto na sala de aulas como no teatro, a perspectiva do ponta a ponta (da cena, do exercício, da peça) me desencorajava. Eu a adiava para o mais tarde possível, algumas vezes até às vésperas da apresentação pública. Da mesma maneira, eu não conseguia abandonar fisicamente a extrema proximidade dos atores. Com a cara pertinho da ribalta, prestes a pisar no palco, muito raramente eu recuperava minha mesa de trabalho no meio da plateia. Eu renunciava num comportamento de avestruz e me desesperava, depois disso, por não ter sabido enquadrar o campo cênico da mesma forma como ela deveria estar no "visor" da câmera, e por não ter sabido senão propor a montagem descontínua e desritmada de uma simples justaposição de fragmentos estanques uns em relação aos outros. Eu, para quem nada importa mais do que o intervalo entre as palavras, as coisas, os seres e o deslizamento de uns sobre os outros, fingia esquecer que a análise provoca a síntese; a desconstrução, o reagrupamento; o parcelamento, a unidade; o instante, sua inscrição na duração. Nestes últimos anos, fiz alguns progressos ao me preocupar desde o começo com as condições do refazer, e sobretudo ao apresentar os termos de outra maneira.

A palavra francesa *répétition* gera um primeiro mal entendido, ao ater-se apenas à reiteração, ao recomeço, à reprodução das mesmas figuras. Na palavra alemã *Probe*, na palavra inglesa *rehearsal*, na palavra espanhola *ensayo*, na palavra italiana *prova* (de *provare*), parece-me também que nas palavras escandinava e russa, que não lembro mais, a ideia de ensaio, experimentação, preparação conduz largamente à ideia de repetição. Refazer, nesse caso, é menos reproduzir a própria coisa do que as condições de aparecimento da coisa. Isso quer dizer, no processo diário, dinamizado e estendido, fixar um dispositivo de atuação e administrar a recondução. Não refazemos, colocamo-nos na situação de refazer.

Aliás, o refazer no teatro é sempre volátil. Felizmente, há muitas razões para isso. Um filme, mesmo que os cinéfilos conservadores não estejam de acordo, não é modificado fundamentalmente pelo momento e pelo suporte de sua projeção. Acontece diferentemente no teatro. Acreditei durante muito tempo na pretensão científica dos discípulos de Brecht de reconduzir com precisão, de um dia para outro, de um teatro para outro, a representação cênica de uma obra. Eu sorria quando um encenador me dizia: "Que pena que você tenha vindo hoje! Não foi uma boa apresentação. Ontem, ao contrário, foi muito melhor". A partir de agora, não sorrio mais.

Eu sei, e me alegro com isso, que qualquer mudança de lugar, de intérprete, de público, de forma mais geral de momento, de desenvolvimento da sessão anterior, muda notavelmente a representação (ou o exercício). Na sua cor, no seu ritmo, no seu movimento, na sua relação com o público. E sei, da mesma maneira, que se a duração da representação variar, por exemplo, mais ou menos um minuto sobre a duração total de duas a três horas, isso é um acontecimento considerável e também o sinal incontestável de uma alteração preocupante na representação. Tudo é, portanto, uma questão de leves variações em um pressuposto geral de *invariabilidade*.

Existem, igualmente, problemas de percepção do próprio ator. Vi representações, a meu ver muito problemáticas, a partir das quais os atores, *a fortiori* os alunos, revelavam-se arrebatados, e também o inverso, aliás. "Esta noite, foi maravilhoso. Eu me senti em estado de graça, leve", ou, ao contrário: "Eu penei, agarrei-me ao parceiro". A verdade é que o ator verdadeiro é sempre "excedido" por seu papel. Ele não está em condições de julgar nem o conjunto da representação, nem seu próprio percurso. Encontra-se muito envolvido para ainda poder ser juiz. Certo dia, quando me surpreendi com uma grande atriz devido à diferença entre sua lucidez de espectadora na plateia e sua vulnerabilidade, sua aparente incerteza no momento em que estava em cena, ela me respondeu: "Vocês, encenadores, não avaliam o quanto estamos desprotegidos, à sua mercê, na total dependência da sua escuta e do seu olhar; investimos muito tempo em compreender as razões da sua aprovação ou da sua insatisfação. E é raro ouvir seus comentários. Seria muito mais interessante se vocês nos ajudassem com propostas técnicas, físicas, imediatamente concretas". A partir daí, não me dirijo mais a um ator, seja ele experiente ou iniciante, sem pensar na repreensão da grande atriz.

Na verdade, o ator é diferente a cada noite de apresentação. O que ele viveu durante o dia, o que aprendeu com os acontecimentos do mundo, sua percepção dos outros, dele mesmo, do público, transformam-no continuamente. Para ele, cada representação tem sua cor, seu sabor, concede sua forma de prazer ou dificuldade. Porém, caso o ator varie, o papel, elaborado juntamente com o encenador e os parceiros da peça, não muda. Ele pode aprofundar-se, ampliar-se, cansar-se, mas não muda fundamentalmente, nem na sua substância, nem nos seus contornos. É dessa tensão, desse tremor entre a variação relativa do ator e a invariabilidade relativa do papel que se organiza inapelavelmente, apesar de tudo, a identidade, a permanência "quase" estabilizada, quase "fixada" de cada representação.

RIVIÈRE O senhor falou do "instante decisivo" de Cartier-Bresson: eu não sabia que ele empregava essa expressão, que me parece vir em linha direta de Diderot e Lessing. Uma reflexão sobre a pintura muito largamente inspirada numa reflexão sobre teatro é a teoria do "instante prenhe" em Diderot, ou do "instante único" em Lessing. É um momento que condensa o passado e o futuro, um gesto no qual ainda existe o gesto precedente e de antemão o gesto que se segue. Parece-me que o primeiro problema do aprendizado não é tanto produzir esse instante, mas antes saber reconhecê-lo. De todo modo, de forma mais concreta: como o senhor procede com um aluno que interpreta uma cena no primeiro dia, por ocasião do primeiro curso? No que a primeira hora de ensinamento é especial?

LASSALLE   No primeiro dia, quando da estreia no curso, proponho ao aluno apresentar-me uma cena à sua escolha. É o pretexto para travarmos conhecimento. Ele geralmente escolhe uma das cenas que lhe permitiu vencer o obstáculo do exame de concurso. A cena foi longamente trabalhada, em geral com o professor anterior, com uma vontade evidente de sedução e eficácia: o papel dos outros é, nesse caso, reduzido ao mínimo – exceto se a cena é adequada para ser apresentada sucessivamente por cada um dos dois parceiros (geralmente um rapaz, uma moça) a dois examinadores diferentes. Ele busca somente aquilo que pode valorizar o candidato ou a candidata e dissimula, na medida do possível, suas lacunas. O mesmo acontece com a preparação, o humor, o movimento escolhido para a cena e sua duração, calculada exatamente nos limites dos fatídicos três minutos do tempo de apresentação. Na maior parte do tempo, o aluno não conhece grande coisa da peça, não retém senão aquilo que aprendeu no fragmento assim retratado, e caso se trate de um texto estrangeiro, fica muito surpreso quando se pensa em pedir-lhe o nome e a época do tradutor. Tudo, nesse caso, é formatado, calibrado, mecanizado. O aluno não está em condições de refazer, mas sim de restituir, de deglutir aquilo que tinha engolido à força. A primeira urgência, nessa circunstância, é fazer tábua rasa, esquecer o número de sábio imitador e, se possível, a partir da própria peça, do próprio fragmento, partir para a descoberta, desta vez partilhada e não mais imposta em função dos objetivos do concurso, estranhos à compreensão da obra e à arte do teatro.

Ocorre também de o aluno, nessa fase dos condicionamentos da escola preparatória, ou na condição de "elétron livre", manifestar uma escolha pessoal de interpretação, de gênero, por vezes de concepção e escrita. Poder-se-ia esperar, então, agradáveis surpresas de novidade e inventividade. Na verdade, com raras exceções, o aluno independente não é menos condicionado que o outro. Mas, no caso presente, os estereótipos postos em circulação pela televisão, revistas, espetáculos de sucesso, os artifícios do amador, as figuras impostas pela universidade, substituem as receitas do "professor". No teatro, a inocência, a ignorância são conquistas, raramente pré-requisitos.

RIVIÈRE   Ocorrem também casos em que a cena do concurso foi preparada com um verdadeiro sentido de teatro, com arte e sem estereótipos... No entanto, gostaria de retornar ao "refazer", ponto que me parece muito importante, pois a escola não é feita tanto para aprender a fazer o "bom" teatro, quanto para suscitar uma certa exigência artística: "refazer" não é "reproduzir", que diz respeito ao sentido próprio do academismo, sendo que repetir as condições de surgimento do acontecimento impõe um estado de invenção perpétua, incompatível com o academismo. Como se aprende a "refazer" e não a "reproduzir"? É uma disposição de espírito ou uma técnica a ser aprendida?

LASSALLE   De minha parte, acho que isso se aprende; porém, trata-se de uma técnica? De preferência, desafia-se o aluno a desenvolver reflexos, vontades, uma condição de jogo. "Para fazer teatro, é preciso ter fome", dizia Charles Dullin. E meu mestre Ledoux falava de um *primum vivere*, ou seja, de uma obrigação precípua de ganhar sua vida, tanto quanto de uma condição de apetência intelectual e artística. Todos os alunos que se inscrevem nos cursos de arte dramática têm bastante fome? Conservarão "a fome no ventre" a fim de afrontar as inúmeras dificuldades de uma formação, na sequência da vida de ator?

Entre a rua e o palco, entre o cotidiano da vida e a ficção do teatro, é preciso criar um filtro. Não se passa facilmente de um a outro. Alguns preconizam o treinamento dos corpos. Exercitam-se como os esportistas, como os dançarinos, os cantores: exercícios de flexibilidade, de treino respiratório, de colocação de voz, de ações e improvisações coordenadas, de meditação transcendental, emprestados das tradições do Extremo Oriente. Geralmente, os alunos apreciam vivamente esse gênero de exercícios. É o momento do convívio amigável, da divisão igualitária, das situações de grupo...

No que me concerne, auxilio bastante na transição para a narração; de que maneira passar do argumento, do *pitch* (lance), como se diz hoje em dia, da enumeração das ações sucessivas para a fábula, isto é, a apresentação do tema da cena, organizado do ponto de vista do aluno, de suas opções de "leitura", dir-se-ia na universidade. Alguns alunos resistem, até mesmo recusam. "Estamos aqui para atuar", afirmam nos primeiros momentos.

"Tudo começa no palco. O que existe antes é comentário, análise." O ator, segundo eles, teria somente que representar. Deveria ater-se ao seu instinto. Alguns evoluem. Outros não. Talvez nunca evoluam. O teatro faz nascer de tudo. Os choques, as divergências podem gerar também um desejo, uma impaciência para passar ao ato, para um estado de jogo...

Qualquer um pode também ter vontade de recitar um poema, um fragmento de texto para compartilhar sua felicidade, contar as razões pelas quais gosta de um filme, um espetáculo, uma exposição, uma situação na rua, um acontecimento ocorrido recentemente, alguém encontrado depois da última aula. Fala quem quiser. Cinco minutos no máximo. O momento de abrir a janela, de passar do mundo para a aula...

Quando trabalhamos muito uma cena (as palavras; as entrelinhas; aquilo que emerge/aquilo que imerge do texto e das situações; o desvio para outros momentos da peça ou do papel; o gestual; a travessia dos corpos, o movimento e a inscrição no espaço; a proximidade/o distanciamento; as dualidades impulsão/proibição, transparência/opacidade, controle de sentido/excesso de sentido, falado/escrito, escondido/mostrado, enquadrado/fora de quadro, palco/plateia, fábula/narração, colagem/montagem, fluidez/ruptura, movimento/parada, rapidez na elocução/silêncio, dilaceração/aceleração, hiperatuar/subatuar; entonações, inflexões, variações, cruzamentos, metáforas, associação de palavras, imagens, sensações, pensamentos; decupagem em microsequências e em microfábulas; drama e comédia, rir até às lágrimas/lágrimas de riso; o representável e o irrepresentável; o "curável e o incurável das coisas", como dizia Adamov...), quando, nesse caso, a cena já foi trabalhada, retomada, explorada em todos os sentidos, submetida ao maior número possível de pontos de vista e leituras, questionada também por aqueles que não estavam em cena, aí então, de preferência no mesmo dia, peço aos alunos protagonistas para passar a cena de uma vez só, sem interromper absolutamente. Prova quase sempre decepcionante. Geralmente, é pior que da primeira vez, quando a cena tinha sido apresentada antes de todo esse trabalho comum, na alegria do instinto e de toda uma primeira memorização. Agora, a apresentação é sincopada, incerta, dividida entre o prazer de antes e a aplicação de agora, salpicada de falsos ritmos, de correntes de ar, de ausências quanto ao que é dito e feito. Na verdade, o resultado não é apresentável. No entanto, este não apresentável é a condição de tudo aquilo que está por vir, a energia, o dispêndio, o prazer do papel, o "encantamento" do tempo, do espaço e das presenças no palco.

Na verdade, é inquietante o contraste entre a primeira "passada", frequentemente alegre, cheia de júbilo, inventiva, ainda irradiada pelo prazer pueril do jogo e pelas sessões de trabalho que se seguem. O teatro, nesse caso, dispersa-se. Motor desmontado, corpo desmembrado, dissecado, entregue à análise, ao escaneador, às perfusões. A carcaça, escancarada, abre-se a todos os ataques inesperados. Para restituir-lhe à vida, à respiração de um vivo, será preciso tornar a fechar, suturar, cicatrizar. Voltará então o prazer de atuar e o de refazer. Pois refazer não é uma questão de análise ou de memória. É uma questão de esquecimento. "Desempenha tua cena até que não saibas mais o teu texto", já dizia Marcel Pagnol. Tudo é esquecido, porém tudo retorna quando se pede, cada vez que se readquire o dispositivo da atuação: parceiros, espaços, objetos, figurinos, manifestações sonoras...

RIVIÈRE   É possível aprender a esquecer?

LASSALLE   Sim. Aprender a esquecer é a questão das questões. E, em primeiro lugar, esquecer o texto. Por tanto tempo quanto o texto reapareça por um esforço sustentado pela memória, estar-se-á no declamado, no deglutido, no restituído, no pré-digerido, no pré-mastigado, algo assim. O ator não tem que se lembrar do texto. É o texto que deve se lembrar do ator. Aí está o caso, o segredo. O texto encaminha-se na direção do ator, investe nele, apropria-se dele, atravessa-o de uma parte à outra. Peça livremente a um ator para citar-lhe um fragmento de seu texto: ele hesitará, se atrapalhará, gaguejará. Ajude-o a situar-se nas condições da representação, então o texto surgirá, ritmado, cadenciado, eruptivo ou vertido tal como foi escrito. Não é o ator quem fala o texto. É o texto que se fala no ator. Sem ele, mas com seu pleno consentimento, seu prazer de hospedeiro, de corpo penetrado.

Ensaiar é domesticar progressivamente o esquecimento. E atuar é recompor, a curto prazo, tudo aquilo que o corpo, nos seus gestos, movimentos, relações com os objetos, com os corpos dos parceiros, ao pronunciar o texto, aprendeu, depois esqueceu, de uma partitura alternadamente suave e violenta, agressiva e afetuosa. Basta reconstituir o dispositivo da representação para que em todos os atores, num mesmo momento, reapareça a capacidade de refazer, de reinterpretar. "Como vocês fazem para aprender, para guardar na memória um papel tão longo?", pergunta ao ator, tomado de espanto, o espectador. "Como você faz para esquecê-lo?" é o que seria preciso perguntar. Pois, por todo o tempo em que aluno e ator se encontrarem no esforço de memorizar ou restaurar o que aprenderam, estarão ambos pressionados e dependentes. Somente o esquecimento os tornará livres. O esquecimento está além da memória, da memória superada. O esquecimento não se aprende. Conquista-se. É o corpo quem, como resultado de um longo treinamento, memorizou suas marcas. Uma prova *a contrario*: interrompa um ator que até então domine perfeitamente sua partitura para propor-lhe uma mudança de gesto ou movimento, de rapidez de deslocamento ou de distância do parceiro. Quase inevitavelmente, o texto chegará a faltar. Modifique a partitura do corpo do ator no espaço e no tempo, o texto desaparecerá. Deixe seu corpo reapropriar-se de si mesmo, de seus pontos de referência e trajetos: o texto reaparecerá.

Não faz muito tempo que sei disso. Três ou quatro anos, talvez. Foi numa noite após uma apresentação da turnê de *O Misantropo*. A representação pareceu-me lenta, demonstrativa, aplicada. Quando me espantei, Andrzej Seweryn, que representava Alceste, disse-me: "Faz algum tempo que não atuamos. Então, nesta noite, quisemos ser muito precisos, muito rigorosos, lembrar-nos bem de tudo. – Você disse lembrar-se? E se atuar não for lembrar-se? Se for libertar-se da memória, de todas as memórias, daquela do texto, da encenação, dos compromissos assumidos? Claro: se atuar for esquecer, então atuar não seria inventar, reinventar a cada noite aquilo que se representou um dia antes, aquilo que ainda se representará no dia seguinte?"

Sem dúvida, eu poderia ter acrescentado: "Atuar é também esquecer a presença do diretor na plateia. Sua aflição, sua insuportável frustração". Talvez, nisso é que pensava recentemente uma espectadora, quando me disse: "Acabei de assistir por duas vezes ao seu último espetáculo. Na primeira vez, disseram-me que o senhor estava na plateia, na segunda vez, não. Seus atores estavam incomparavelmente melhores na segunda vez". Ou ainda esta outra: um dia, minha vizinha de poltrona na plateia, que, sem dúvida cansada de me ver roer as unhas e bater os pés no chão, me disse: "Se você não gosta disso, saia!" E eu saí e abracei-a por ter-me convidado a me retirar.

RIVIÈRE Isso que o senhor disse me faz pensar numa expressão que se escuta corriqueiramente nos teatros ou nos seus arredores, e que considero terrível: "Apoderar-se" de um texto. Ela supõe que o ator é uma espécie de predador e que o texto é uma presa. O movimento inverso – é o texto quem se apossa do ator – projeta uma estética totalmente contrária. Haveria, no caso, duas escolas...

LASSALLE Diante do texto que se apossa do ator há, com efeito, cada vez mais atores que se apossam do texto, isolam-no, incrustam-no, libertando-o de suas âncoras, de seus destinatários naturais, transformando o diálogo em monólogo, num interminável virtuosismo, proferido sem mediação, sem filtro nem verificação prévia, ante um público assombrado, submisso, ao final das contas anestesiado. Sem dúvida, isso explica, para além das gratificações narcisísticas e materiais, a moda dos *one (wo)man shows* em que qualquer um é bom para descartar-se dos outros. A peça adaptada para um único protagonista, o fragmento de romance, ensaio, narração, correspondência.

É também a forma de relação com o texto mais frequentemente encontrada: não se pretende absolutamente apoderar-se do texto, ele é abandonado porque dá medo. Exemplo recente: com os alunos da Academia Teatral do Centro Dramático de Limoges, eu tinha proposto, na última primavera, encenar alguns capítulos de *Ouvrez* (*Abram*), o último livro de Nathalie Sarraute[3], no qual ela dizia o quanto desejava um dia poder "fazer teatro". (Nos sábados à tarde, nos últimos

---

3 Nathalie Sarraute (1900-1999): escritora francesa de origem russa, foi precursora do movimento literário francês *nouveau roman* (novo romance), com o livro *Tropismes* (Tropismos), de 1938, que revolucionou o modo de escrever ficção (N. da T.).

momentos antes de sua morte, em sua casa, ela lia para mim passagens, e interrompendo-se sufocada de tanto rir disse: "Não é mesmo, Jacques, isso não é teatro? É preciso levá-lo ao palco! Faça-o, eu lhe peço. Não demore. Eu gostaria muito de ainda estar aqui"). Ousei, em sua memória, começar a fazê-lo, e prosseguirei até que isso me seja possível. Porém, em Limoges, nos primeiros dias, os jovens atores tinham medo do texto. Pareciam paralisados, como que petrificados. Quando, ao deixar o livro de lado por um momento, convidei-os a improvisar livremente a partir das situações e temas propostos, os corpos exultaram, investiram de forma alternada no grande espaço aberto em direção ao céu e numa grande sala, na qual pedi que se fechassem as venezianas para que o local se parecesse a uma sala de visitas de prisão. Entre os dois lugares, o fechado e o aberto, a encenação circulava; as propostas manifestavam-se repentinamente tão livres e lúdicas quanto comoventes e pessoais. No entanto, eu não os tinha autorizado a essa fuga, a esse desvio senão para melhor fazerem o retorno a um texto que, cxatamente agora, estaria em condições de acolhê-los.

Falei bastante na suspeita de subteatralidade, na insaciabilidade do prazer e no interesse que me deixam os atores apenas declamadores, hábeis em inflexão e vocalização, mas sem corpos e sem aberturas, para também me recordar que o aluno-ator deve, desde seus inícios, ser alertado sobre seus deveres de transmissor de textos, de guardião da língua e de sua memória. Caso contrário, de abandono em abandono, de jargão anglo-saxão para dialetos de ofício, para gírias bairristas em mensagens sucintas tipo *e-mail* ou SMS, vale lembrar que isso tudo está na própria origem de nossas identidades às quais, por distração ou ligeireza, o teatro, e nós com ele, aceitaríamos renunciar. Que se reflita: Louise Labé, Villon, Ronsard, Rabelais e Montaigne, para os leitores de hoje em dia, já estão transcritos na ortografia e na sintaxe atuais. O estilo de Corneille e o de Molière aproximam-se. Na página? Talvez. No palco? Não. Será ainda por longo período o ator quem continuará a ser o único tradutor, o único transmissor possível de nossa língua de antigamente.

RIVIÈRE   Sim, e a respeito dessas questões, a da primeira vez e a da língua, o senhor esboça aquilo que imaginei realizar no

Conservatório Nacional, quando Claude Stratz, seu diretor, propôs-me que ensinasse num curso que era, creio, tradicionalmente de dramaturgia, e no qual eu ensinaria as grandes noções dramatúrgicas e de composição dramática. Preparei uma "oficina" de dramaturgia, que na realidade era uma oficina de leitura, palavra que compreendo num sentido muito "primário". Por "ler" não quero dizer interpretar, comentar, decifrar etc., que é seu sentido corriqueiro atualmente, mas antes de mais nada considerar, observar, descrever... Parece-me que a interpretação do ator, que subentende imaginação, está condicionada por esse tempo que poderíamos denominar como de "meditação clínica": o texto está lá, reclinado na sua página, e é preciso observá-lo e escutá-lo antes de interpretá-lo. É um trabalho de resfriamento da pressa interpretativa, um aprendizado da lentidão e, contando ainda com minha breve experiência, sinto-me muito atingido pela função heurística da lentidão. Quando não se compreende, basta desacelerar... Isso é totalmente contraditório com relação ao corpo moderno, mas a rapidez que foi elaborada na lentidão é infinitamente mais rica. Esse trabalho, essa postura, na minha opinião, são muito mais importantes do que o primeiro movimento de qualquer jovem ator, que é precipitar-se sobre tudo aquilo que está na ordem de denotação e referência do texto: sua significação, a situação e o estado psicológico dos personagens etc. Por outro lado, para que a imaginação interpretativa possa desenvolver-se, é preciso que o texto, uma cena ou uma inteira peça de teatro possam ser consideradas como objeto plástico ou como pintura, construção arquitetônica ou música... Sentir-se que é uma forma, e não apenas o *script* de uma situação a reconstituir. É claro que esse trabalho se faz também com um encenador que dirige uma classe dita "de interpretação", o senhor vem de atestá-lo, mas acho que é essencial, igualmente, fazer esse trabalho sem finalidade, sem consequência, sem ter o palco como perspectiva, de libertar esse momento de reflexão e meditação de uma completa utilidade e que não tenha seu sentido apenas em si mesmo, que não seja absolutamente preparatório para a performance. Ler simplesmente por ler...

Porém, queria perguntar-lhe outra coisa: falamos na necessidade do ensino, mas não existem circunstâncias em que ele é inútil? Acontece de se dizer, às vezes, que tal aluno-ator não precisaria estar numa escola. Ele já está pronto para atuar, um encenador poderia contratá-lo imediatamente. A diferença entre um jovem ator que tem vontade de aprender e aquele que já está pronto para atuar é visível?

LASSALLE   A primeira vez, acho, em que me foi proposto falar dos jovens atores prontos para atuar antes mesmo de ter que frequentar um curso, tão capazes a ponto de não ter outra preocupação senão evitar sobretudo frequentar um curso qualquer, foi da boca de um senhor já idoso, chamado Roger Dornès, e que tinha feito uma carreira completamente honrosa de cenógrafo-encenador-diretor de teatro (no Teatro Vieux-Colombier, no caso). Como o encontrei? Durante um teste? Num encontro na cafeteria com meu velho amigo Jean Rougeul? Este era romancista na Julliard, autor de canções para Kosma e (Yves) Montand, colaborador em *La Rose Rouge* (A Rosa Vermelha), de Michel de Ré, adaptador (Gaston Leroux), tradutor de teatro (esquetes do trio de atores italianos, os Gobbi), e, para finalizar, êmulo faminto do *O Sobrinho de Rameau* ou *Sátira Segunda*[4], a meio caminho entre Adamov e Cioran. Ele terminou sua vida na Itália. Fellini tinha-lhe tomado afeição. Ele o fez intérprete do papel do roteirista em *Oito e Meio*. Mais tarde, Patrice Chéreau dedicou-lhe seu primeiro filme, e Raoul Ruiz o fez protagonista de *L'Hypothèse du tableau volé* (A Hipótese do Quadro Roubado). Jamais o revi após sua partida para a Itália. Falamo-nos por telefone pouco antes de sua morte. Talvez eu lhe deva tanto quanto ao meu mestre no teatro, Fernand Ledoux, tanto quanto ao meu mestre na universidade, Bernard Dort, e tanto quanto ao meu "padrinho" da descentralização: Hubert Gignoux. Rougeul morava num quarto na cobertura de um hotel da rua Casimir-Delavigne. Possuía unicamente uma cafeteira italiana, reversível, e eu lhe levava café para usar na cafeteira. Era um pedagogo insocial, frágil e delicado, um Sócrates das ruas. Não esquecemos nunca, mas não citamos o bastante nossos encontros fortuitos e gratuitos. Foram nossas escolas ao ar livre. Frequentemente as mais belas, as mais produtivas.

---

4   Romance de autoria de Denis Diderot (1713-1784), saiu postumamente, em 1821. Publicado pela Perspectiva em 2006 (N. da T.).

Para voltar ao muito honorável Roger Dornès, ele me disse: "Com um pequeno intervalo, encontrei na minha vida os dois únicos atores que sabiam tudo sem nunca terem aprendido nada. Trata-se de Jean Desailly e Serge Reggiani". A afirmação inquietou-me por muito tempo. Não tendo tido jamais ocasião de verificar a consistência de semelhante exemplo de geração espontânea, não podia senão subscrevê-la em confiança. Em seguida, outras pessoas frequentemente me falaram, tendo até me apresentado a semelhantes prodígios. Não os contradigo. Com esses jovens atores, com efeito, pode ocorrer que os processos de aquisição do saber contenham, aprisionem o dom como uma gargantilha de ferro. Ao menos nos inícios da carreira. Isto significa que o aluno superdotado não tem nada a aprender? Obviamente que não. Em alguns pontos ele pode ser mais desprovido que os outros, pode estar mais carente de saber do que os outros. Primeiramente, ele deve descobrir o prazer de trabalhar com os demais, de compartilhar com eles a compreensão de uma obra, as certezas da vida, os diferentes ritmos de progressão. O dom, diferentemente do talento, não se avalia, não se mede, não se compara, não se amplia. Está na ordem da tautologia: "Eu já sei. Por que fingir que não sei?" Isso pode levar aos isolamentos da autossuficiência. Pensativo, silencioso, à parte, o superdotado é frequentemente melancólico. Aflige-se com o tempo perdido enquanto os outros exultam por saber preenchê-lo tão bem. Adquire cada vez mais prazer no seu isolamento. É uma droga forte. Por arrogância ou decepção, ele se resigna em continuar na sua dependência. Ela pode levá-lo ao desespero, ao suicídio. Hipótese jamais completamente excluída. Pode-se morrer por excesso de si caso não se encontrem utilização e perspectiva apropriadas. O professor, assim como o encenador, felizmente não tem, como alguns gostariam de afirmar, direito de vida ou morte, mas não cessam de preocupar-se com seus alunos, com um e outro. É bom que se saiba disso. Na escola de teatro, não há senão acidentes de percurso ou de férias, a dependência das coisas, o desemprego, o sofrimento amoroso, as intermitências psíquicas que matam. A subestimação de si ou a excessiva consciência de sua diferença podem ser, também elas, mortíferas.

Nesse estágio, o pedagogo pode abandonar o terreno da execução, de aquisições técnicas, em proveito de uma aproximação mais existencial e moral: "O que você vai fazer com os teus dons, dessa capacidade que tem de chamar facilmente a atenção, de cativar, de divertir, de comover? Você pode decidir escolher as obras que interpretará, as pessoas com as quais trabalhará, o tipo de lugar e de público que almeja. Pode também decidir ter como primeiro critério de tuas escolhas o teu próprio prazer, o teu próprio egoísmo. Eles te conduzirão a uma espécie de ecletismo disperso, de relação indiferenciada com as coisas e as pessoas, com as necessidades sempre crescentes de dinheiro, não importa onde, não importa como, sempre indo na em direção de mais solidão e banalidades..."

O dom induz a uma injustiça inicial que a escola tem condições de compensar. Todos têm dons. É bom que não sejam os mesmos. Porém, alguns continuarão latentes, prisioneiros da consciência de si mesmos, dolorosa e vacilante. Passado o prurido teatral de narcisismo, exibição ou timidez paralisante, que é preciso superar custe o que custar, quando não seja para simplesmente sobreviver, nem todo mundo pode ser ator. Pois o futuro de um ator verdadeiro não é questão de sorte ou de dons. Mesmo que a crítica acadêmica, tanto a universitária quanto a jornalística, não saiba dizer grande coisa sobre a arte do ator, mesmo que os próprios interesses se mantenham muitas vezes num enfoque puramente subjetivo e impressionista, não resta senão dizer que esta arte, tão individualizada quanto o possa parecer, permanece avaliável, mensurável, suscetível a persistências e à hierarquia. É uma das responsabilidades do professor convencer o jovem ator do quanto sua arte será tão maior na medida em que puder analisá-la, quantificá-la, fixá-la, excedê-la. Sem dúvida, a arte não é transmissível, mas continua sendo possível recusar-se lá onde ela não se encontra, de reconhecê-lo e ampliar a paleta quando estamos de comum acordo.

RIVIÈRE Há alguns dias, chegamos à conclusão de que uma escola não formaria um ator como artista, mas como intérprete. O que se diz atualmente é um pouco diferente. A escola também é útil para o artista. Essa opinião vai na contracorrente de uma ideologia bastante comum na França, segundo a qual o aluno aprendiz é um artista que somente carece de técnica. A escola, nesse caso, ensinaria os métodos que permitiriam revelar o artista escondido no aluno. Creio que essa ideologia é catastrófica em si mesma e para o próprio ensino.

LASSALLE   A contradição entre nossas conversas dos primeiros dias e a de hoje não é senão aparente. Penso, aqui, no pintor Nicolas de Staël, cuja recente exposição em Beaubourg acaba de nos fazer lembrar de conquistas sensacionais. É muito bela a ênfase com a qual ele continuava reconhecendo sua dívida para com seus sucessivos mestres. Tanto quanto os esboços de viagem, as cópias de escola, na maioria dos museus do mundo, foram para ele a oportunidade de uma nova compreensão da singularidade de sua própria busca. Com isso, aprendeu a experimentar sua diferença. O "conhece-te a ti mesmo" passa pela escola e pelo conhecimento dos outros. Isso não acarreta uma transmissão de conhecimentos unívoca e rígida; pelo contrário. E o pedagogo não intervém senão na ordem do saber. Era isso que queríamos dizer no primeiro dia de nossas conversas. O pedagogo forma intérpretes; ele deseja criar artistas. É por isso que tenta liberar o vigor nos artistas, a inocência, o gosto pelas descobertas, pelo risco, pelo "fora da pista"[5]. Gostaria de devolvê-los à criança que foram. Meierhold perguntava-se por quê, de seus atores, aquele que era incontestavelmente o mais talentoso aborrecia-o tanto. Acabou compreendendo: não conseguia imaginar esse ator quando criança. Às vezes, as pessoas lembram-se de ter sido crianças. Porém, o ator, por toda sua vida, continua sendo uma criança. Continua a habitar sua infância. Ele morreria se essa criança fosse enxotada. "Temos em todos nós uma criança morta", dizia Kantor. Na verdade, não morta. Profundamente adormecida, mais precisamente. Uma criança adormecida e que nos faz sonhar.

RIVIÈRE   Sim, mas não é a coisa mais difícil no ensino: despertar a criança em cada um que acaba justamente de ser uma... Nunca se está tão longe da infância como quando se acaba de deixá-la. A ideia está bastante próxima daquela que o senhor desenvolveu no caso do ensaio. Não se trata de fabricar um artista, mas de criar as condições para que um artista nasça a partir de si mesmo.

---

5   Esqui praticado fora das pistas balizadas (N. da T.).

LASSALLE   Para o jovem ator, a escola é um caminho para si mesmo; mais tarde, ela é naturalmente substituída pelo exercício – que é preciso desejar seja frequente – de sua arte. A aposta, desse modo, é menos formar atores do que revelar homens em meio aos demais, em meio ao mundo. O que é grande no ator é a sua capacidade de ruptura, de renúncia a seu ego. Penso nestas palavras de Novarina: "Diz-se que os atores adoram imensamente aparecer. Digo que os grandes atores adoram imensamente desaparecer". A obra acabada escapa daquele que a realizou. A arte do ator escapa àquele que a exerce. O grande ator realiza-se na sua própria extinção; ele se ergue a partir de sua própria anulação. Cada vez que tive, no teatro, um sentimento de abalo decisivo, foi ante atores capazes desta anulação.

RIVIÈRE   Sim, também tenho esse ponto de vista, mas esta não é uma ideia que está no frontão das escolas de atores...

LASSALLE   Talvez, porque não é preciso que o esteja. Se ela não for ridicularizada já será um sucesso. A escola da qual falo é uma escola da vida verdadeira. Ela depende ainda, de certa forma, do humanismo entendido a partir de Kafka, Cioran e Beckett, compreendido a partir do silêncio do céu, da História, a partir de Auschwitz, do *Gulag*, de Hiroshima, Cabul, Sarajevo ou Grozny. A escola da qual falo não se sacrifica, tampouco, a uma *doxa* de época segundo a qual a universidade deveria dotar os estudantes de um saber útil, devidamente especializado, imediatamente explorável. A essa universidade realista e competitiva não responderia rápido senão o negociante de arte, rapidamente vendável. Como consequência direta dessa concepção, muitas escolas de teatro ensinam o ator a rebaixar-se, a vender a si mesmos no mercado. Elas são muito consistentes: estão no sistema. Aderem a ele, prolongando isso e trabalhando para sua prosperidade.

Se a escola da qual falo não é mais reconhecida, visto que está longe das religiões do lucro, dos triunfos midiatizados, dos "plebiscitos" do Ibope, ela não está, apesar disso, descartada do mundo; ela não prepara para um desconhecido monte Athos[6]

---

6   O monte Athos é uma entidade teocrática independente: habitada por cerca de 1500 monges ortodoxos, situa-se na Península Calcídica e, para nela entrar, além da necessidade de vir por barco, é preciso permissão especial das autoridades locais (N. da T.).

do teatro. Ela sabe o que a cerca e a ameaça, conhece também os motivos de sua resistência, a necessidade de seu não alinhamento. O teatro, se não quiser fazer-se de idiota, não está, apesar disso, condenado a bancar o bom moço.

Frequentemente, perguntam-me sobre a questão de minha responsabilidade econômica, socioprofissional, ante meus alunos. Não deveria eu preocupar-me, primeiramente, com seu futuro profissional? Fazer de tudo para que rapidamente fossem contratados custe o que custar? Ou pelo menos favorecer um compromisso com os outros? Há muito o que refletir: a responsabilidade do professor parece-me ir para muito além dessas primeiras urgências. Em última análise, o importante será sempre ter ajudado o aluno a escolher-se, a nunca fazer economia de seus desejos e de suas recusas íntimas. "No princípio, eu era dependente da sua vontade", poderia ele dizer então aos seus possíveis empregadores, "eu nada posso sem sua decisão de me contratar. E, todavia, é nessa dependência que encontro minha inalterável liberdade. Empresto-me, mas não me dou. Tenho a aparência de estar à sua mercê, mas, no ato teatral, é você quem está à minha mercê, você é quem convido para uma nova compreensão do mundo à qual você não poderia absolutamente ter acesso sem mim".

Todo ator digno desse nome deve, antes de tudo, perguntar-se sobre suas escolhas, no plano estético, político ou moral. Acontece sempre um momento em que a História volta-se para a arte. Nas grandes sociedades totalitárias, alguns artistas souberam, qualquer que tenha sido o preço que pagaram, manter uma contestação radical. Qualquer ator, também ele, mesmo em nossas sociedades vulneráveis, de consistência confortável, deve um dia ou outro começar a resistência frente aos poderes, contando com sua própria capacidade de recuperação. Aos vinte anos, tudo ainda depende da experiência, do esforço. Mais tarde, tudo se tornará escolha de compromisso, de destino.

Sexta Conversa
17 de junho de 2003

A MATIDEZ[1]. O ATOR ADESISTA, O DISTANCIADO OU O COMPLEXO. A RELAÇÃO COM O ESPECTADOR. A ÁGUA E O FENO. A ATUAÇÃO CONTRADITÓRIA. A ECONOMIA EXPRESSIVA. A "ABSORÇÃO" TEATRAL. A BARCA DE CARONTE E OS APLAUSOS.

JEAN-LOUP RIVIÈRE   O senhor frequentemente utiliza o termo "matidez". O que o senhor entende por esse termo?

JACQUES LASSALLE   Não estou muito certo da significação que dou a essa palavra. Lancemos um olhar no *Petit Robert. Mat*: "abatido, aflito", do baixo latim *mattus*, talvez de *madere*, "estar úmido", "Que não tem brilho ou que foi despolido. Que não é brilhante. Que não é transparente. Que tem pouca ressonância". Quanto à expressão "xeque-mate", vem do árabe *ach-chaïk mât (a)*, que significa "o rei está morto".

RIVIÈRE   Vai ser preciso dizer por que o senhor gosta de atores atormentados, apagados, úmidos e, em resumo, sem vida!…

LASSALLE   Eu pensei, antes de mais nada, em opaco no sentido daquilo "que não é transparente", mas você tem razão ao me tomar ao pé da letra, ao me confrontar com sua total polissemia! Sem dúvida, opaco me lembra também descorado, baço, o ensurdecimento do sonoro e do proclamado em voz alta. Ao frontal brilhante eu oporia o seu verso, opaco. É verdade, por exemplo, que se os figurinistas ou os cenógrafos me mostram

---

1   Do francês *matité*, qualidade do som de pequena intensidade, surdo, abafado (Antenor Nascentes, *Dicionário Etimológico da Língua Brasileira*) (N. da T.).

tecidos brilhantes, cintilantes, eu me sinto frequentemente intimidado com sua preferência por materiais e colorações mais cansativos.

O ator opaco, para mim, é afinal aquele que não se declara completamente, que deixa para o espectador, para o destinatário, a tarefa de determinar aquilo que há para experimentar e compreender. Sua matidez situa-se aquém da significação proclamada, da emoção manifestada; está aquém das lágrimas e do riso. É um latente em suspensão, uma implosão em latência. Os atores que tomam partido muito explicitamente, que não sustentam nenhuma dúvida quanto ao que pensam e sentem, me impressionam pouco. De nada gosto mais tanto do polissêmico, quanto do ambivalente.

Não se trata do "não sei o que pensar" desse ator, dessa peça, desse espetáculo, que eu busco. É de preferência: "Isto que experimento, isto que compreendo pode, a qualquer momento, inverter-se". Nada pode estar completamente adquirido. Nenhuma conclusão definitiva é possível. Na clareza do sentido, na experiência da emoção está sempre preservada qualquer coisa de suspenso. Nada está oculto para sempre. Tudo, entretanto, permanece em aberto. Como se a maior clareza fosse a condição de uma obscuridade conservada. Recentemente, falávamos com o cineasta e grande pedagogo Jean Douchet[2] sobre *Aurora,* de Murnau, que consideramos, ele e eu, como o mais belo filme da história do cinema. Ele me dizia: "Murnau, autor de *Nosferatu,* era, também ele, um vampiro. Ele se satisfaz com aquilo que vê. Do dia, faz a noite. E dessa noite atravessada, faz um novo dia". Esta poderia ser outra maneira de falar da matidez.

Voltando a falar da representação, a matidez é a linha fronteiriça entre o dito e o você, o conservado por si, a luz e a obscuridade. É a recusa do pleonasmo, da muita homogeneidade de signos e da ausência de tensão, de contradições entre os elementos da representação. "Se o texto se enche de lágrimas, ria dele, se ele esbraveja, murmure-o. Se ele ordena, balbucie-o." Trata-se de introduzir no centro de cada proposta, senão o seu contrário, ao menos o seu correlativo contraditório. A matidez

---

2 Jean Douchet (1929) é cineasta, historiador, crítico, escritor e professor de cinema (N. da T.).

tem mais a ver com o translúcido do que com o transparente. Ela implica um jogo que não seja jamais irremediavelmente declarativo. Em um dos primeiros textos de *Ouvrez* (Abram), de Nathalie Sarraute, um segredo defendido de forma ciumenta mostra-se, no final, não ser nada além do que um segredo de Polichinelo. O segredo do qual falo, ao contrário, subsiste no momento em que tudo parece estar a descoberto. Como em Henry James, ele evolui, muda de natureza, ressurge, aliás, no decorrer da narração, de cena em cena, no próprio centro de cada réplica. É aquilo que sobra de obscuro no claro, de suspenso no conclusivo, de surdo no sonoro, de escondido no mostrado, do "desenho esfumado no tapete". É conveniente que haja também o "Desenho no tapete", é claro. Em termos de técnica teatral, a matidez corresponde, primeiramente, a uma grande economia de atuação. Ela evita o excesso, o hiperatuar, o "tudo está dito", o "nada mais a declarar".

RIVIÈRE   Não haveria três tipos de atores, ou melhor dizendo, três formas de atuação que corresponderiam a três pedagogias diferentes? O ator adesista, o ator distanciado, o ator complexo. O adesista procura a mais estreita superposição entre o personagem e ele mesmo ("Ele não representa Alceste, ele é Alceste", diz-se então); o distanciado é da família Diderot, Brecht; o complexo, que constrói seu personagem em cima do contraditório, do oximoro, é da família Meierhold, Vitez e da sua. Porém, voltamos da mesma maneira ao tema da histeria, de que falamos outro dia.

LASSALLE   Subscrevo inteiramente essas suas três famílias de atores. De longe, já disse isso, a histeria sempre me assustou, e todavia ocorre-me ter passado por ela, por mim mesmo, sem dúvida, como no caso dos demais. Quando todos os outros meios revelam-se ineficazes, somente ela permite provocar uma chacoalhada decisiva. A histeria não é um objetivo, mas sim uma etapa na medida em que não vislumbro outros meios para provocar o irreparável. Às vezes, a cena tem necessidade de atingir o irreparável. Às vezes, o ator tem necessidade que se lhe faça violência, que ele seja levado a esse estado-limite, a esse estado de pânico aquém do qual o personagem não pode ser construído. (Exemplos: o *delirium tremens* de Platonov; o sonambulismo do *Príncipe de Hamburgo* ou da *Marquesa d'O*, a loucura assassina das *Criadas* ou de *Medeia*, o acesso ninfomaníaco da *Senhorita Júlia*, a prostração de *Fedra*, as alucinações de Lady Macbeth, o arrebatamento de Elvira em *Don Juan*). Às vezes, portanto, é preciso recorrer à sua própria histeria, que dorme apenas com um olho fechado, para pôr em movimento a histeria do ator, também sempre à espreita. Lembremos que, segundo o *Petit Robert*, o primeiro sentido de "histeria", tanto nos homens como nas mulheres, é "o conjunto de problemas psíquicos, neurológicos e funcionais muito diversos, geralmente atribuídos à simulação (cf. Pitiatismo[3])". "O acesso de erotismo mórbido feminino" não é senão uma das formas particulares da histeria. Todavia, uma observação: nada obriga o pedagogo a aproximar-se dessa forma, logo no começo, dos personagens citados anteriormente e pelos quais os alunos ficam curiosos muito cedo.

RIVIÈRE   Quando o senhor fala, então, do trabalho com os atores, poder-se-ia pensar que não se trata senão de um problema interno de criação teatral, bem como de uma escolha estética, porém a questão me parece mais ampla, pois o que está em jogo nessa forma de direção de ator e de construção do personagem é, igualmente, a natureza da ligação com o espectador. Não é uma questão de poética do palco, mas de poética do teatro.

LASSALLE   A aposta é a liberdade e a atividade do espectador. Sozinho diante da página ou da tela. Em conjunto com os outros na plateia, diante do palco. No entanto, para que assim seja foi preciso, durante o processo de trabalho, que o encenador, o pedagogo, sobretudo se ele foi ator, tenha subido no palco, tenha se envolvido pessoalmente, tenha ele mesmo atuado em tal ou tais situações, tenha corrido o risco, ele próprio, de tal ou tais estados de crise, de paroxismo. Ele não pode permitir essa divisão senão em toda sua extensão. Será que preferiria evitá-la? Talvez não. No teatro, em determinadas circunstâncias, talvez nunca se alcance o outro, a não ser através de si próprio, não se levando em consideração jamais a não ser por intermédio do outro. Mas isso permanece absolutamente

---

3   Termo com provável origem advinda da palavra francesa *pithiatisme* (1901), criada pelo neurologista francês Joseph F. Felix Babinski (1857-1932), e que designa as manifestações patológicas histéricas, ou seja, um estado causado pela sugestão, tornando o paciente passível de cura pela persuasão (N. da T.).

incomum. A fórmula "vou mostrar a você" afasta-se, na maioria das vezes, da fórmula "mostre-me como você reagiria a tal situação, como você compreenderia tal réplica". (É engraçado: exceto quando os atores são meus antigos colegas, nunca trato meus alunos, meus atores, por "você". O "você" sempre me pareceu muito camarada, muito "bom moço"; o "senhor", que aliás pode "conter" o "você", é rico de muitas outras possibilidades. Contém muitas coisas que eu não poderia dizer, sugerir ou perguntar a um ator, a um aluno a quem eu trataria por "você". Mas curiosamente, na página, quando se trata de passar ao estilo direto, é frequentemente o "você" que se apresenta, sem dúvida porque é mais genérico, menos pessoal...)

Retornando à matidez. Numa determinada cena, um personagem fica sabendo por outro de terrível notícia: partida, acidente, perda... Contrariamente a uma opinião amplamente difundida – o teatro não é senão um longo combate contra as opiniões amplamente difundidas –, nos momentos em que tudo oscila na vida, a primeira reação é formidavelmente econômica. Tudo começa pelo espanto, e o espanto congela, paralisa, impede por um tempo qualquer tipo de reação. A violência experimentada de verdade é medida pela passividade aparente que suscita. O ator que reage imediatamente não entendeu nada. Os momentos em que a emoção está mais intensa são os de maior economia expressiva. A reação não vem senão depois, muito tempo depois. Um ator sem brilho, submetido a uma multiplicidade de tentações, acuado numa multidão de veleidades, vive primeiramente e antes de tudo a impossibilidade de se exprimir. É nesse primeiro momento que convido o aluno a experimentar e a traduzir.

Outro exemplo, neste caso o de uma relação amorosa. Peço sempre ao aluno para representar tanto a proibição quanto a atração pelo outro. As mais belas cenas de amor não são aquelas que se concretizam, mas aquelas que deixam de ser realizadas. É este duplo convite à maior intensidade do desejo e à sua repressão que chamo de atuação opaca, a atuação em cima de uma decisão impossível. E se o ator se manifestar, repentinamente, ele carregará tudo à sua passagem, espantando todo mundo, a começar por quem o desempenha. Não existe ato decisivo no palco a não ser o ato imprevisível.

O teatro com o qual sonho é um teatro que nunca se farta, absolutamente, que sempre economiza no cerne de sua aparente plenitude de consumação, com uma parcela de indecisão, de convite à continuação, à troca permanente. No que se transformaria o espectador sem esse processo de alternância? A obra, no seu objetivo máximo, é feita por aquele que a observa. Às vezes, luto contra minhas próprias convicções: eu me sacio do teatro, embriago-me de luz, de imagens, de exaltação pela interpretação. Eu alinhavo, aperfeiçoo, vou concluir e logo retorno às minhas deduções. Quando um ator, finalmente descontraído, grita, vive, dança, chora, peço-lhe, quase imediatamente após, que manifeste surpresa, quase que se desculpe. "O que aconteceu comigo? Não sei bem. Diga-me." A resolução, desse modo, fica adiada, a conclusão retomada, a cena reencontra seus estados de latência, de surdos estrondos anteriores depois da tormenta. O ator sem brilho me causa satisfação porque sua interpretação não é senão um questionamento febril tanto sobre si mesmo quanto para nós, que o encaramos da plateia. Os atores que estão de acordo com tudo me deixam exausto. A mesma coisa me causam as obras muito explícitas. É o caso, por exemplo, de Beaumarchais. Contrariamente a Marivaux, ele diz tudo, confia totalmente na língua, ela não o priva de nada; ele se entrega ingenuamente a ela. Ele foi superado por outros por preferir este sistema muito afirmativo, de intenções anunciadas, de respostas dadas. A ele, prefiro o "tudo quase dito", o "tudo quase confessado", o tremular da lâmpada, o crepúsculo do sentido, o furtivo da sensação, a incandescência dos cinzas e dos neutros. Prefiro a indecisão do ator sem brilho.

RIVIÈRE Uma das vias de acesso a esta matidez é, então, um trabalho paradoxal. Há outros meios de se obter uma atuação "opaca"?

LASSALLE Participei durante muito tempo, na escola, de uma dramaturgia pós-brechtiana estabelecida e formulável. O ator deveria, em particular, expressar um julgamento sobre seu personagem e integrar esse julgamento à sua atuação: juiz e partida, sujeito e objeto, manipulador de sua própria marionete, ele não escapava de sua dualidade a não ser nas canções, nas quais se dissociava de seu personagem para cantar, a seu critério, as adversidades ou os crimes, em todo caso as obsessões.

Incentivado pelo otimismo racional de semelhante processo, tornei-me muito reservado. Os alunos – os mais velhos, mais raramente, avaliaram muito cedo, em ensaio, a frequente inutilidade dos comentários –, explicam-me então, às vezes com muita pertinência, de que maneira pretendem dar uma tradução imediatamente clara e compreensível. Não os desencorajo. Espero que o voluntarismo de seu projeto, a clareza minuciosa de sua análise mostrem seus limites. O teatro nunca é a simples ilustração, unívoca, de uma ideia, por mais explícita que seja. O papel está sempre em equilíbrio precário, sempre dividido entre os sentidos, as forças, as energias que se defrontam nele, que o desafiam. Não faço do ator um asno de Buridan[4], incapaz de escolher entre um saco de feno e um pote de água colocados a igual distância dele. O ator pode ir e vir, aceitar a embriaguez da atuação, a rapidez da ação. Porém, se ele vai até a água, não esquece do feno. Interiormente, ele permanece em parte dividido, e como que ausente pela incompatibilidade de suas tentações.

"Como o senhor quer que eu interprete duas coisas ao mesmo tempo?" Perguntava-me, rindo, um ator, na verdade fingindo parecer mais ingênuo do que era.

– Não interprete senão um personagem, respondi.

– Qual?

– A impossibilidade de entregar-se totalmente a um ou a outro.

O ator sem brilho, no auge da ação e do envolvimento com o personagem, administra uma distância, uma economia no dispêndio, algo como uma reserva da qual vai poder escapar caso a tensão se torne mais forte, um meio-termo insustentável. Da mesma maneira, ao se assistir a uma partida de futebol, é possível distinguir, dentre os jogadores que se esfalfam furiosamente, candidamente, com toda sua energia, aqueles

[4] Atribuído ao filósofo Jean Buridan (1295-1358), trata-se de um argumento sofístico usado para rebater a doutrina determinista, em defesa da liberdade de indiferença. Segundo Bouridan, a vontade segue necessariamente ao intelecto, porém quando este julga iguais dois bens, a vontade não pode decidir nem por um, nem por outro. Tome-se como exemplo o asno pressionado igualmente pela fome e pela sede. Colocado em igual distância de uma tina d'água e de um monte de feno, o animal começará por beber, ou por comer, ou ainda, pela pressão das necessidades, permanecerá indeciso e morrerá de sede e de fome? (N. da T.).

que, no meio da confusão, conservam uma capacidade de controle sobre si mesmos e de domínio global da situação. Eles não estão menos comprometidos que seus colegas e, como eles, manifestam ruidosamente, de maneira quase dionisíaca, uma alegria sem limites, no momento em que eles mesmos ou sua equipe tenham marcado um gol. Não obstante, na ação eles sabem conservar uma espécie de moderação entre o que fazem, o que poderiam ter feito ou o quanto vão fazer.

RIVIÈRE Essa moderação depende de uma forma de tensão, que deve ser distinguida da energia. Alguns concebem seu personagem como um liberador e um diretor de energia. Pessoalmente, um ator tenso me interessa muito mais do que um ator "energético". A tensão mostra o nó, ela nem o aperta, nem o desfaz. O teatro que amo é um teatro de elucidação, que vem esclarecer as existências, os isolamentos, as comunidades ou as paixões inextricáveis. O que parece paradoxal é que o senhor propõe uma elucidação pela matidez, que procede pelo obscurecimento.

LASSALLE Por obscurecimento seria, talvez, exagerado dizer, ainda que muito frequentemente... Entre o transparente e o obscuro, em todo caso, há o translúcido. Frequentemente faço referência a esta afirmação de Jean Paulhan[5]: "As pessoas beneficiam-se por serem conhecidas; com isso, elas ganham em mistério". Quanto mais me aproximo da transparência, mais descubro que ela não poderia ser completa. Outro véu lá está para ser retirado. E depois outro, e depois outro ainda. A matidez preserva sempre como que uma parte de obscuridade em meio ao luminoso. É qualquer coisa como um substrato, um palimpsesto, a mobilização do pensamento assimilado a partir de um texto, com todas as virtualidades de um texto. Uma das grandes felicidades no teatro é dar acesso à percepção física, sensível, encarnada, de uma reflexão no trabalho, de sentimentos em processo de formação. O ator não escreve o texto, porém o desdobra, o revela, o absorve, o incorpora, o vomita, o murmura, o modera, o interrompe, o violenta, o deforma, o pressiona, o perfura, o acalenta, o profere, o multiplica. E a cada noite, no teatro, no palco, diante daqueles que estão

---

5 Jean Paulhan (1884-1968): escritor, crítico e editor francês, animador da *Nouvelle Revue Française* (Nova Revista Francesa) (N. da T.).

na plateia, como seus parceiros, esquecido, o ator pode com eles, de alguma forma, extraí-lo de si sem mudar-lhe nenhuma sílaba. Desse modo, a obra recompõe-se à nossa frente, como sob o comando daqueles que, tendo que representá-la, encontram-se também na obrigação apaixonada, muitíssimo intensa, recolhida, concentrada, explosiva, de reinventá-la ao consumi-la.

RIVIÈRE Aquilo que o senhor chama de matidez tem relação com a distinção que faz entre o ator-teatro e o ator-mundo?

LASSALLE O que se experimenta inicialmente, por trás da matidez do desempenho de um ator, é a presença, a aspereza, a densidade, a opacidade do mundo sob o verniz da representação. O teatro sempre tem a ver com o insolúvel, o irredutível de outra realidade. A matidez consiste em preservar, no palco, aquilo que é da ordem do confuso, da indecisão do mundo. Ontem, lembramos aquele ator do qual se buscavam vestígios da infância sem poder encontrá-la. É essa infância que nos liga à origem daquilo que é antes o formulável e o explicável e que nos amarra ao espanto e à aflição de estar no mundo. Mesmo que o ator, no tempo da representação, queira esquecer aquilo que essa infância não é, algo nele continua em contato com essa vida anterior no mundo e que ele continua a testemunhar. A matidez preserva, nesse caso, aquilo que o ator não pode dispensar na "absorção" teatral.

RIVIÈRE Em seguida a essa absorção, obtém-se um produto, um resíduo, nem assimilável e que nem pode ser expulso, de cinzas...

LASSALLE Não necessariamente.

RIVIÈRE ...Então, se não sobra nada, não há mais tema de conversa para o espectador após a representação.

LASSALLE Sim. Mas talvez a propósito de outra coisa, que não é aquilo que você denomina graciosamente de "as cinzas da representação".

Em sentido contrário àquele que nos lembramos, há uma forma que me satisfaz plenamente por seu dispêndio absoluto, ótimo, eufórico, sem desmerecer o restante: são as comédias musicais, tais como as que se pode ver na Broadway. No momento de tais representações, vivo esse espetáculo num nível de plenitude e euforia que me espanta; meu corpo exulta, tenho o coração e o espírito em festa, arrepio-me no meu assento. No entanto, quando estou na rua, acabou-se. Desenvolvi tal empatia, identifiquei-me de tal modo com os atores no palco que não me resta senão uma vaga lembrança de minha euforia. Se a comédia musical é o delicioso abandono ao teatro, a matidez é sempre a desconfiança no teatro, seu apelo à resistência do espectador.

RIVIÈRE Confrontam-se frequentemente o teatro de puro entretenimento, aquele que não deixaria resíduo, com um teatro de mais alto conteúdo cultural e que seria alheio, até antagonista, a qualquer ideia de entretenimento. Acho que é preciso sempre conservar a ideia de divertimento, e a oposição estaria, então, entre aquele que é "sem consequência" e aquele que a presume. E esta consequência não é, forçosamente, um "excedente" de saber, de consciência, de moral etc. Talvez seria o caso de "menos": menos certezas, menos ilusões... A grandeza da farsa deve ser procurada, creio eu, nessa direção. Um entretenimento sem consequência deixa você igual e imóvel, um entretenimento com consequência cria uma dúvida que muda o ponto de vista. Sua "matidez" é, no fundo, uma maneira de garantir a consequência.

LASSALLE Haveria um dialeto da encenação? Durante muito tempo, ri de fórmulas tais como o famoso "Faça sempre bonitinho!" ou o "Proteste, seja o que for, proteste!" que encenadores como Raymond Rouleau ou Jean Le Poulain utilizam, diz-se, com seus atores. O meu "Permaneça opaco" talvez não seja mais explícito! Na verdade, esta expressão faz parte de um código previamente constituído e não encontra seu sentido senão em quem o domina. É sabido que o ato de encenar passa por uma convenção codificada, mas muitas vezes também aproximativa, desalinhada, descuidada ou, pelo contrário, conservadora, citacional, metafórica, literária, da língua. O teatro aceita tudo. O ator memoriza apenas aquilo que quer. É a razão pela qual deve-se, sem dúvida, ensaiar várias vezes as mesmas coisas, em formulações muito contrastadas, incompatíveis até. Vitez, que além de tudo é poliglota, estaria enganado: de todos os artistas, o encenador é aquele que pior suporta exílio, visto que trabalha propriamente em sua língua. Com ele, a língua é instrumentalizada de todas as maneiras: joga e aposta em referências culturais, citações literárias, plásticas, musicais, cinematográficas, na história das formas teatrais, na alusão política, no fragmento de análise, na evocação íntima, existencial, enfim, na atualidade. No exterior, mesmo que seu intérprete traduza notavelmente as propostas do encenador, essa cumplicidade da língua, esse cuidado em chegar aos atores, aos alunos, de isolamento a isolamento, de singularidade a singularidade, não pode senão cumprir-se incompletamente.

Contudo – para mim, em todo caso –, a encenação não é senão a circulação, entre o palco e a mesa de supervisão do trabalho, de um discurso alternadamente profuso e interrompido. Ao ator opaco, econômico, ofereço muitas vezes um encenador em erupção, passional, também ele ator, excessivo e saltando frequentemente da plateia para o palco. No palco, se anseio *in fine* ao quase nada, à economia de todos os signos e da atuação, a uma única ameaça ensurdecedora de uma possível implosão, isso se dá muitas vezes por meio de propostas contrastadas, contraditórias, veementes, desesperadas, hilariantes, tão desordenadas e intensas quanto a intensidade de uma paixão amorosa.

RIVIÈRE   Indiretamente, chegamos a um dos sentidos de "opaco", ou seja, "morte". Se a matidez produz um resíduo, o ator está excluído dele. O ator desaparece em proveito daquilo que produziu. Não é uma espécie de condenação à morte?

LASSALLE   O ator não é o rei da partida de xadrez. Não é ele quem tomba, quem falece, mas sim o personagem.

RIVIÈRE   Não. Mas não acontece, de todo modo, uma morte, fictícia é claro, do ator?

LASSALLE   Sim, no mesmo papel podem-se explorar, sem dúvida, essas duas possibilidades distintas: a morte real do personagem e a morte fictícia do ator.

RIVIÈRE   Na sua *História Natural do Teatro*, Adorno dedica um texto aos aplausos. Ele vê nisso um vestígio de antigo ritual durante o qual os assistentes batiam suas mãos enquanto o sacerdote executava o sacrifício. Os aplausos não são um sinal de gratidão, de prazer? Ou um gesto de saudação e proteção diante da morte?

LASSALLE   Sem dúvida as duas coisas, proteção primeiramente, gratidão em seguida. Há muito tempo eu recebia os aplausos como se fossem uma agressão. Sonhava com um final silencioso, após o qual, com recolhimento e precaução, os espectadores levariam a lembrança da encenação nas suas próprias vidas. Demorei muito tempo para compreender que havia uma necessidade recíproca, tanto na peça quanto na plateia, de compartilhar, graças aos aplausos, uma alegria e uma gratidão. Porém, acima de tudo para possibilitar aos espectadores e, mais ainda, aos atores, um tempo de transição, um filtro de descompressão entre o teatro e a vida, algo como um retorno depois do caminhar, uma travessia invertida na barca de Caronte. O critério da qualidade, da autenticidade de uma representação são os primeiros cumprimentos. Alguns atores estão lá, prontos para saborear, após o primeiro instante da encenação, logo em seguida, esse momento do corpo que não para de fazer reverência, de inclinar-se e levantar-se novamente, esse momento em que a fisionomia sorri mostrando todos os dentes, mãos que se colocam alternadamente sobre o coração e que enviam beijos. Esses atores não parecem ter atuado apenas para esse momento. Eles agradecem infinitamente. Se lhes pedissem, permaneceriam lá, fariam saudações a noite toda, plenamente satisfeitos, afáveis, inalteráveis. Outros atores, os "opacos", esses dos quais chegamos a falar, vêm saudar primeiramente às apalpadelas, como que ausentes, em todo caso mais distantes do que presentes. Durante os primeiros cumprimentos, têm um ar oscilante, indeciso, suspensos entre vida e morte, entre visível e invisível, ainda zonzos, desvanecidos e já conscientes, agora eles mesmos e ainda um outro. Literalmente, eles não sabem mais *onde* estão e nem *quem* são. Esta qualidade de apatia, de desvario, de ausência de si e dos outros não se finge. O que acontece nesse momento é a melhor retribuição pelo que verdadeiramente se interpretou. Depois, um colega, tendo voltado a si talvez de um lugar menos distante que os outros, cria coragem, pega-os pelas mãos, ajuda definitivamente no seu retorno. Restituídos a si mesmos, vagos, exaustos mas felizes, eles podem por sua vez dedicar-se à festa, à alegria do compartilhamento final.

Sétima Conversa
6 de dezembro de 2003

DEPOIS DO FIM. A REVOLTA DOS INTERMITENTES DO ENTRETENIMENTO[1]. SER ATOR: QUEM DECIDE SOBRE ISSO? RITOS DE PASSAGEM. VIDA DE CÃO. O ARTISTA DIPLOMADO. EXIGÊNCIA E NOTORIEDADE. UMA CASA DO TEATRO. ESCOLA DE ARTE, ESCOLA DE VIDA. UMA ARTE LUXUOSA. UM SERVIÇO PÚBLICO.

JEAN-LOUP RIVIÈRE   Em nossa primeira conversa, falamos do término do ensino. Para finalizar, poderíamos falar sobre o *depois do fim*. Toda pedagogia supõe uma finalidade, um pensamento com relação ao fim. No entanto, pode existir um pensamento para *depois do fim*?

JACQUES LASSALLE   Isso pode se constituir num fio de Ariadne para esta manhã. Em nossas seis primeiras conversas, evocamos uma escola na qual o "depois" não se tornaria fonte de preocupação, mas que igualmente não deixaria de estar no seu horizonte. Estas conversas aconteceram antes do verão. Estamos no final do outono. Esta última conversa pode deixar de levar em consideração a volta a um dos acontecimentos muito importantes deste último verão, que foi a revolta dos intermitentes, os quais questionaram, e talvez ainda o façam por

[1] O denominado "intermitente do entretenimento" é a pessoa que trabalha de forma intermitente – alternando períodos de trabalho com períodos de desemprego – para empresas da área de entretenimento (teatro, cinema, televisão e outros tipos de espetáculo). Na França, os intermitentes são assalariados que trabalham sob contrato de duração determinada e têm direitos a uma indenização nos períodos de desemprego. Eles não são considerados profissionais liberais, contrariamente à prática exercida em muitos outros países pelo mundo (N. da T.).

muito tempo, o futuro do atual teatro de nosso país? Não creio nisso. É claro que nossas conversas devem abordar esse assunto, mas apenas na medida em que a situação dos intermitentes estiver relacionada à formação ou à não formação dos atores. E a questão que poderia ser colocada é: uma superabundância de formações não conduziria a um grave excedente de candidatos a integrantes dos grupos de intermitentes?

Apesar disso, antes de retornar ao assunto, sem dúvida é necessário acrescentar três pré-requisitos a essa questão.

1. Se na febre do verão a tentação da mistura pareceu conduzir a esse movimento, é preciso ter em mente que o problema dos intermitentes é contemporâneo, porém distinto da crise da educação nacional, do problema dos auxílios públicos, da degradação dos organismos de saúde pública (e não somente diante do excesso de calor no verão), dos salários do funcionalismo público e dos perigos do cereal transgênico. Acontece, muitas vezes, o seguinte: o mundo do entretenimento é obrigado, até certo ponto, a uma espécie de provocação para colocar em discussão vários temas para os sindicatos, associações e partidos, com o objetivo de denunciar o escândalo de uma política inconsistente. Saibamos manter as coisas nas suas devidas dimensões.

2. O regime do seguro-desemprego dos intermitentes do entretenimento foi uma conquista social importante dos anos de 1960, provavelmente sem equivalente na Europa. É ponto pacífico. Vamos tomar cuidado para não perder de vista o essencial. O que é preciso continuar a recusar na reforma é o destino dos artistas que trabalham pouco e que se arriscam, com a redução dos períodos "trabalháveis", a perder muito rápido o direito de beneficiar-se desse regime. Segundo os últimos recenseamentos, a França possui 107 mil intermitentes. O número mais que dobrou em dez anos, o que explica o aumento dos déficits. Destas 107 mil pessoas, 13 mil são artistas dramáticos e dançarinos, 40 mil são músicos, cantores, artistas de variedades, técnicos de palco. Os outros são essencialmente dos quadros técnicos ou empregados administrativos das empresas audiovisuais. Representam quase 50% do número total de intermitentes. É preciso então começar por uma diferenciação, no interior do regime, das atividades e das con-

dições de cada componente. Dessa maneira é que se poderiam reconsiderar, para os intermitentes do entretenimento, os critérios de manutenção dos mais vulneráveis, seja por razões de origem de trabalho, ausência de notoriedade ou tipos de espetáculos e atividades.

3. Mesmo revisando amplamente para baixo os critérios de manutenção e até argumentando de forma muito substancial o número de horas a serem consideradas para os protestantes artísticos da escola (a Anrat[2], sua associação, fala em 167 horas contra as 507 exigíveis), é possível temer que todos os alunos que estejam saindo de escolas dramáticas públicas e privadas ainda não possam beneficiar-se ou continuar a beneficiar-se do regime reformado. É que, depois do término de sua escolaridade, algumas vezes até durante a mesma, os alunos reivindicam um estatuto inteiramente distinto daquele de ator profissional.

Os jovens atores têm, muitas vezes, dificuldade em aceitar essas verdades. Penso, nesse caso, em duas alunas da escola de Limoges que participaram de um estágio dedicado a *Ouvrez* (Abram), de Nathalie Sarraute, aquele do qual falei anteriormente. Em setembro, elas recusaram participar de uma apresentação pública do exercício programado pelo Festival das Francofonias de Limoges sob o pretexto de serem, a partir daquele momento, profissionais e de estarem solidárias com seus colegas grevistas. Sua deserção de última hora arrastou, consequentemente, o grupo inteiro. Como não nos questionarmos sobre semelhante reivindicação de estatuto? As instituições indicadas aceitam justificá-la? Como é possível avaliar os respectivos critérios? De que maneira outro ensino, que não o artístico, aceitaria ser desobrigado de qualquer supervisão de aptidão do ensino? Isso é tanto não respeitar a própria dignidade dos artistas quanto não exigir, em seu nome, uma espécie de reconhecimento que não seja apenas de ordem tautológica: "Eu sou artista: isso basta. Não preciso dar nenhuma prova disso".

Um exemplo recente me vem à mente. No outono de 2001, Claude Stratz, novo diretor do Conservatório de Paris, decidiu

2 Associação Nacional de Pesquisa e de Ação Teatrais, da qual Jacques Lassalle é presidente.

continuar a integração, preparada por seu antecessor Marcel Bozonnet, da Unidade Itinerante de Formação para a Encenação, na qual Josyanne Horville tinha iniciado e experimentado seu funcionamento no seio do Jovem Teatro Nacional (JTN). Pediram-me para participar do júri com o objetivo de assegurar, em Paris, o primeiro estágio francês da instituição, sem cuja seleção Fomenko não garantiria o estágio estrangeiro em Moscou. Uns cinquenta candidatos inscreveram-se no primeiro ano. Condições: ter entre 25 e 35 anos; confirmar a realização de uma encenação que tivesse recebido apoio público ou a realização de duas apresentações públicas feitas profissionalmente. Seis candidatos passaram nas três etapas do concurso. O problema não é avaliar a pertinência das seleções, nem mesmo a necessidade de uma formação. Observemos simplesmente que ela começa a generalizar-se na França, após ter sido ignorada por muito tempo, diferentemente do que existia há muito tempo na Rússia, nos países escandinavos e na Europa central. Talvez se pudesse conservar aqui, mais ou menos, o critério de vínculo profissional lá adotado: ter participado depois da escola – ou até durante a mesma – de vários espetáculos públicos, nem que tenha sido no quadro do JTN. É sempre delicado, em matéria artística, fixar critérios, habilitações, avaliações, verificações de comprovação. Mas, ao mesmo tempo, a tolerância demagógica, o abandono à pseudorregulação do mercado têm sempre favorecido a ascensão de mediocridades e injustiças.

RIVIÈRE   É uma questão tanto mais difícil porque não há comparação possível: a competência do artesão ou do operário é certificada, a competência do professor ou do médico é supervisionada etc. O problema que se coloca é, então, o seguinte: quem decide que alguém pode ser ator?

LASSALLE   A questão não se coloca para um músico, um dançarino. Vejo uma explicação para o fato de ela parecer colocar-se apenas para os atores: é que nós não estamos somente na perspectiva de uma única formação de teatro. Hoje em dia, o mais importante empregador de atores está na área cinematográfica e audiovisual.

O teatro conduz sempre, mais ou menos, à aceitação de certa dissolução de si mesmo no personagem diante do público.

Frente às câmeras, ao contrário, ficamos sozinhos, seja qual for o personagem. Era a tese de um Jean Gabin, de um Lino Ventura, de um Alain Delon. O teatro necessita atores-intérpretes; o cinema precisa de atores. As categorias não estão sempre tão separadas. O exemplo de alguns atores franceses, bem como a "mistura generalizada" dos atores anglo-saxões ou escandinavos, demonstra-o bastante. Contudo, a distinção entre aqueles que representam um personagem e aqueles que não representam senão a si mesmos de forma penosa, tanto quanto a mania dos *reality-shows*, agrava a discussão. O cidadão e a cidadã médios têm todas as condições de se transformar, sem a mínima preparação, nas estrelas do dia ou do trimestre. Acontece até de essa chance perpetuar-se, de o estreante da véspera ser a celebridade do dia seguinte. Nessas condições, para que se formar? No mínimo, a frequência a uma escola se tornaria uma desvantagem. É, aliás, aqui e acolá, o discurso que se ouve: "Eu não frequento uma escola, graças a Deus; sabe-se lá aonde isso pode levar, a escola. Na maior parte dos casos ela leva ao nivelamento e ao desemprego". Semelhante discurso, ligado algumas vezes, com a mais evidente má fé, a cineastas tais como Bresson, Rouquier, Dumont, os irmãos Dardenne ou Philibert (mas estes não têm necessidade senão de "modelos", que não saberiam representar nada além de um único personagem, aquele que representam na vida), destrói de maneira insidiosa a ideia de uma arte do ator e de seu possível ensino. É preciso fugir o mais rápido possível de semelhante equívoco. O teatro exige de seus atores o domínio do tempo, do espaço, do corpo, da voz, a compreensão de um texto, a construção a partir do personagem de um outro além de si próprio. Não há maior urgência do que insuflar naqueles que se destinam ao teatro o orgulho pela sua formação, o prazer de sua mestria, a riqueza infinita de sua contribuição.

RIVIÈRE As coisas seriam muito mais simples se a organização do teatro público agisse para que não houvessem senão trupes de teatro. Seria ator profissional quem fosse recrutado pelo diretor de uma trupe. Se não houver trupes, e é este o caso atualmente na França, quem decide?

Outra coisa me espanta: na conclusão de qualquer formação, entenda-se neste caso a artística, há sempre um momento de passagem, uma espécie de cerimônia que adquire valor iniciático. No teatro, não. O trabalho nos dias passados no conservatório constituem um rito de passagem extremamente modesto. O Jovem Teatro Nacional assemelha-se a um momento iniciático estendido no tempo, porém sem que nele se inclua a declaração: "Você é um ator profissional".

LASSALLE O senhor está pensando na ordenação dos cavaleiros medievais, na alternativa dos toureiros...

RIVIÈRE Isso é necessário para o ator? Isso pode acontecer? Tenho a impressão que não. No entanto, se fosse preciso tal momento, qual seria ele?

LASSALLE Poder-se-ia pensar, com efeito, como rito de passagem, na entrada em uma trupe. Todavia, a trupe não é necessariamente a melhor solução. Nos países do norte e do leste europeu, por exemplo, era impossível fazer-se teatro fora das trupes certificadas. Ingressava-se nessas trupes em função de sua ordem de saída da escola. Ora, em todos esses países, posso atestá-lo, os teatros estão repletos de pessoas que não representam. Assim sendo, os atores que são colocados à disposição das trupes têm uma segurança econômica aparente, mas frequentemente tornam-se depressivos, desencantados, escondidos no lugar mais profundo do armário. A trupe oferece grande facilidade administrativa. Permite os organogramas, estabiliza os poderes e as administrações, porém não oferece senão uma resposta artística de curta duração. Meierhold dizia: "Um verdadeiro teatro coletivo dura tanto quanto a vida de um cão".

RIVIÈRE Podem-se conhecer diversas vidas...

LASSALLE De cão?

RIVIÈRE ... Pertencer a canis diferentes.

LASSALLE Sim, mas sem nos esquecermos que, a partir do instante em que um desses canis puder se reconsiderar, pretender desejar-se como definitivo (a Comèdie Française, por exemplo), ele pode se tornar funesto. Voltando à questão da ordenação, do reconhecimento conferido por seus pares, os exames de conclusão do conservatório por muito tempo pareceram (até o início dos anos de 1970) não mudar. Eles ainda têm seus saudosistas, até seus militantes. Algumas vezes, eram dadas recompensas aos atores e atrizes promissores, surpreendentes. Às vezes, tais recompensas não eram senão o sancionamento de um consenso, uma imagem do teatro então dominante. Eis a razão pela qual muitos dos primeiros premiados conheceram rapidamente a desafeição, o esquecimento do público e da profissão. Esses atores coincidiam muito com o ensinamento que tinham recebido. Não sobreviveram a ele. Sob outro ponto de vista, é verdade que uma parte essencial do teatro contemporâneo origina-se do não profissionalismo ou da universidade, por tão longo tempo, por sinal, que a universidade não se colocou a tarefa de primeiramente formar atores. Alguns grandes destinos de atores, autores, encenadores, cenógrafos, partiram, nos últimos decênios, de fora do teatro, de sua extraterritorialidade. Como pretender, depois disso, padronizar as formações teatrais?

Diante da confusão a que chegamos, é preciso, entretanto, recomeçar a manter um discurso sincero com os jovens atores, insistir na necessidade de uma formação e na paciência que ela implica. Essa paciência é difícil de ser imaginada hoje em dia. Nem sempre foi assim. Sou de uma geração em que se dizia, com prazer: "Eu reservo o meu melhor para o teatro. Se for preciso, viverei de outra coisa". Trabalhávamos no mercado à noite, vestiamo-nos de Papai Noel nos grandes magazines (ó Jean Eustache[3]!), nos virávamos como camelôs, como guardas durante a noite, como telefonistas, arranjávamos bicos em inúmeras profissões. Mesmo que isso não permitisse ganhar a vida, o teatro continuava sendo essencial. Algumas vezes resistíamos desse modo por toda a vida; às vezes desistíamos. Contudo, o teatro representava, nunca deixou de representar, a melhor parte de nossa vida.

RIVIÈRE Para voltar à trupe, isso resolveria efetivamente o problema, mas de um modo cruel. Penso no surgimento da primeira grande trupe na França, a Troupe Ordinaire des Comédiens du Roi (Trupe Ordinária dos Atores do Rei). O aviso régio do rei Luís XIV que constituiu a trupe é uma declaração terrível. O rei não somente decidiu formar uma trupe que seria

---

3 Referência ao filme *Le Père Noël a les yeux bleus* (Papai Noel Tem Olhos Azuis), de 1966, do cineasta francês Jean Eustache (1938-1981), que se identificou com os conceitos da Nouvelle Vague francesa. Em sua obra, frequentemente autobiográfica, destaca-se *La Maman et la putain* (A Mãe e a Prostituta), de 1973, com Jean-Pierre Léaud. Jean Eustache suicidou-se em novembro de 1981 (N. da T.).

sua, como também informava aos atores que aqueles se recusassem a ingressar na trupe não teriam mais o direito de representar onde quer que fosse. Ou seja: ou vocês fazem parte da trupe ou não existirão mais como atores.

LASSALLE Atualmente, é possível que isso aconteça no meio de uma trupe em que governe um rei. Ele ainda reivindica a democracia, porém sua vontade é exercida sem compartilhamento. Trótski, Mao passaram por isso. "Se você não está comigo, está contra mim."

RIVIÈRE Retornamos à contradição que já tínhamos enfatizado. O que nos interessa em um artista é a sua não conformidade. Ora, é impossível existir um certificado de não conformidade. Como agir? Um primeiro gesto parece indispensável, o senhor dizia há pouco: diferenciar o regime que enquadra a vida dos artistas de teatro daquele que organiza a vida dos técnicos. A excelência de um técnico é objetivável. A não conformidade de um artista não o é. Ela é reconhecível dificilmente e foge a qualquer sanção, salvo à do público. Mas acontece que, se não há mais diploma, exame ou título, o que haverá então?

LASSALLE Talvez a exigência individual. Encontrei atores que, diante das magníficas propostas da peça e do personagem, falavam-me do seu espanto, de sua gratidão, mas também da sua sensação de ainda não ter uma dimensão disso tudo.

Acontecia-lhes também de suplicar o risco de um papel inadequado, isto é, de um papel que em nada combinava com sua aparência física, com seus antecedentes artísticos. A inadequação ameaça, na verdade, "a imagem para os outros" que o ator interiorizou de si mesmo, pouco a pouco. Ele também continua a se condicionar muito pelos julgamentos jornalísticos. Isso não obsta que, no seu futuro de ator, cresça muito mais do que progrediu como aluno, pois frente a uma perturbação e um risco a correr dá-se igualmente a oportunidade para uma abertura, para uma ampliação decisiva de registro.

De minha parte, quer esse dilema proceda de uma dúvida sobre si mesmo ou quanto ao risco de um papel inadequado, cada vez que a preocupação com o papel parece ser mais forte que o desejo de interpretá-lo, não tento fazer o ator voltar atrás em sua decisão. Um ator deve ser habitado pelo desejo de ultrapassar os seus limites, mas também pela lucidez de conhecê-los. Cabe à escola prepará-lo para essa dupla vigilância. Não há lei nem preceito que valha para todos numa arte tão fortemente individualizada. Não devemos esquecer que formamos atores para práticas muito diferenciadas, muitas vezes incompatíveis, que começam no palco. O que dizer, então, de outros suportes como o microfone, a tela, a rua? O jovem ator deve aprender muito cedo a saber o que ele não quer, a merecer aquilo que escolheu.

A situação se agrava pelo fato de que os próprios interesses começam a ser reconhecidos como mercadorias. "Não somos nada além de produtos efêmeros; quando o produto no qual nos tornamos vende bem, aproveitamos a oportunidade". Quando o artista não se percebe mais como uma inquietude, como uma "dificuldade de ser", mas sim como o eufórico administrador de sua imagem, ele está perdido para o teatro. Muitos jovens esperam que a escola simplesmente lhes acelere o acesso à notoriedade. Isso vale até, a partir de agora, para aqueles que seguiram ou continuam a seguir outros estudos.

Desse ponto de vista, a formação universitária alimenta cada vez mais os equívocos da prática teatral. Eu seria a última pessoa que gostaria de esconder o que devo ao ensino universitário do teatro. Porém, no meu caso, nossos mestres não se dirigiam a nós como a atores potenciais, mesmo que já tivéssemos tido uma formação de ator. Eles nos formavam em história e estética do teatro, em análise de textos, em representação. Hoje em dia, os institutos de estudos teatrais, somando-se às escolas públicas e privadas, não excluem a possibilidade de formar também atores. Dessa forma, encorajam os estudantes a uma certa esquizofrenia, como revelam os exames de ingresso no Conservatório Nacional e em Estrasburgo, por exemplo: "Estudo Aristóteles, trabalho na *Boeing Boeing*[4]".

Há equívocos mais profundos que se mantêm na identidade dos atores. O compromisso sociológico do ator mudou muito. Nos anos de 1960, o bacharelado ainda não era norma, uma simples licença fazia de você um "intelectual". Atualmente, muitas vezes vê-se no teatro um amontoado impressionante de

---

4 Comédia da Broadway vencedora de prêmios Tony em 2008. Com o mesmo título, há ainda a comédia para o cinema, de 1965, estrelada por Tony Curtis e Jerry Lewis, com direção de John Rich (N. da T.).

diplomas. Na mesma pessoa surge uma dualidade entre o nível de formação e as aspirações artísticas. Cada vez mais frequentemente, encontro alunos atores diplomados pela HEC (École des Hautes Études Commerciales – Escolas de Altos Estudos Comerciais), doutores em Direito, em Letras, normalistas, e eu sou atingido pelo desnível surpreendente que existe entre sua formação teórica e sua escolha como ator.

Cada um parece estar envolvido na sua bolha. Cada um ostenta os seus trunfos, interpreta uma "persô" (redução de personagem) qualquer, como se diz na ENA (École National d'Administration – Escola Nacional de Administração). Parecem ignorar as dificuldades e as tentativas do vizinho. A crise que está prestes a castigar a sociedade francesa poderia ser chamada de "a crise do não partilhamento"; da não comunhão de bens, da mesma forma que o não partilhamento dos direitos sociais, dos conhecimentos, das lutas e sonhos. Vivemos a injustiça permanente de uma má distribuição. O teatro está, neste caso, a cada dia um pouco mais implicado. Como conciliar ainda, na vida de ator, a humildade de artesão e a leveza de um saltimbanco, a lucidez do cidadão e a exigência do artista?

RIVIÈRE A violência das ações, das reações, dos acontecimentos em torno da questão dos intermitentes do espetáculo vem dessa contradição. O problema é particular, mas ao mesmo tempo é um problema de política geral da cultura. E toda e qualquer medida que não articule as duas dimensões estará certamente fadada ao fracasso. O problema também é o de que um tempo presumivelmente improdutivo deve ser legitimamente remunerado. De que maneira? Para quem? Talvez fosse preciso mergulhar novamente nos debates com relação às folgas pagas...

LASSALLE Mesmo assim, é preciso lembrar que no teatro privado não se paga o tempo "improdutivo" dos ensaios. No teatro público, os ensaios são pagos integralmente; muitas vezes duram mais que o tempo normal das apresentações. No entanto, o senhor levantou duas questões muito importantes. A primeira: quem paga? A segunda diz respeito ao paradoxo da remuneração dos intermitentes. Estes dizem: "Não somos intermitentes pelo fato de termos parado de trabalhar. Simplesmente, há períodos em que somos considerados como alguém que trabalha e temos direito a um salário, e há outros períodos em que somos considerados como não trabalhadores, e nesse caso temos direito a um auxílio-desemprego". Eles não estão errados. O trabalho do artista excede de forma peculiar o período de emprego concernente, a vida de um artista não é senão uma longa experimentação, o longo aprendizado nunca terminado de um saber e de um amadurecimento. Eles apresentam também outra questão, corolário da precedente. "Não estamos atuando no momento, mas queremos continuar a trabalhar, a nos exercitar. Onde? Como? Sozinhos, em nossa casa?" Há locais públicos de encontro e de trabalho? Essa não é senão, novamente, no caso em tela, a questão da criação (enfim!) de uma Casa do Teatro, que seja dotada de meios muito mais importantes do que o atual Centro Nacional do Teatro, que coloca à disposição dos atores bibliotecas, videotecas, salas de trabalho, de iniciação em outras disciplinas, de intercâmbios com países estrangeiros, e em primeiro lugar os europeus...

Voltando à reforma de junho do regime dos intermitentes, o que é escandaloso, com relação aos seus criadores, é terem mordiscado algumas horas de trabalho suplementar para somar às horas que dificilmente chegam a 507 em doze meses, quanto mais em dez meses. Num primeiro momento, essa manobra não abrange um grande número, mas no cômputo final ela coloca em perigo muita gente e mostra, além disso, um grande desprezo pelos intermitentes, um grande desejo de acabar com eles.

RIVIÈRE E além disso não resolve o problema da utilização, quase ilícita, desse regime por pessoas que não deveriam enquadrar-se nele.

LASSALLE Paradoxalmente, esse problema permanece muito menos denunciado. A CGT (Confédération Générale du Travail – Confederação Geral do Trabalho), por exemplo, toca muito de leve as grandes empresas de produção audiovisual, porque elas se configuram como grandes centros de empregos.

RIVIÈRE O que o senhor disse sobre uma Casa do Teatro parece-me fundamental. É um escândalo que uma instituição semelhante, dotada de meios importantes, não exista[5]. Ela diz

---

5   Sobre esse assunto, ver, particularmente, Béatrice Picon-Vallin e Jean-Loup Rivière, L'Enseignement des restes, *Cahiers de la Comèdie-Française*, n. 30, 1999.

respeito, simultaneamente, ao ator em formação e ao ator desocupado.

LASSALLE Este poderia ser um lugar de reciclagem, trocas, de novos encontros para novas práticas, embora nosso teatro seja profundamente tribal. Pertencer a um grupo ainda é, em certa medida, viver enclausurado, sem contato com o mundo exterior.

RIVIÈRE Quem quer que possua uma ideia política de envergadura sobre a prática da arte teatral em nossas sociedades ocidentais não pode deixar de instaurar uma Casa do Teatro.

LASSALLE Uma casa, sim. No teatro tudo começa ali... "Você quer fazer cinema?" Perguntava Jouvet a seu aluno. "Ache uma cadeira." Mas "você quer fazer teatro? Encontre um lugar", garantia Jean-Marie Serreau a um jovem questionador. A criação de uma Casa não resolveria tudo. Porém, longe de qualquer espírito comunitário, que ameaça tanto a arte como outras áreas, semelhante lugar permitiria às pessoas reconhecer-se, identificar-se. Atualmente, todo mundo parece perdido em uma espécie de terra de ninguém. Uma Casa do Teatro daria um princípio de resposta à questão do intervalo na vida de um artista entre dois papéis, dois espetáculos. Isso não leva em consideração o trabalho individual ou uma curiosidade singular, o prazer – o qual espero que jamais seja esquecido pelos atores – de ler, de sonhar com as obras, imagens, temas, de sonhar com os personagens, com os textos. Contudo, isso também permitiria experimentar, informar-se, elaborar projetos em conjunto. É inconcebível que nosso país não esteja equipado com isso. Obviamente, isso colocaria igualmente a questão do centralismo à francesa, da hegemonia parisiense. Todavia, é preciso começar, com certeza, e Paris poderia dar o exemplo.

RIVIÈRE Após alguns decênios, os "grandes trabalhos" referiram-se a todos os domínios artísticos, exceto ao teatro.

LASSALLE É melancólico ver o quanto o teatro se dissolve na opinião pública, no parlamento, nos meios de comunicação, em particular na imprensa escrita na qual não aparece mais senão eventualmente e em que é "personalizado" em excesso. A crítica fragmenta-se em benefício de vagas reportagens de pré-estreia. O que conta é o que foi dito antes. Quem ainda se incomoda, nas mídias, com a qualidade intrínseca de um espetáculo, com sua exigência, sua ambição, seu poder de influência?

RIVIÈRE   Sim, o senhor sabe que se poderia estender a isso a afirmação, da qual esqueci o autor: "Mais outra peça que não fará ninguém rir, exceto o público": "Mais uma arte, o teatro, que não interessa a ninguém, exceto ao público". É um fenômeno que os sociólogos deveriam estudar, o teatro dissolve-se na ideologia, embora o fato social do teatro seja considerável. É uma estranha contradição...

LASSALLE   De fato. Vou muito ao teatro, e é raro que não seja em meio a muita gente. E não somente ao teatro continuação da televisão, mas também ao teatro "que vale a pena". Com certeza, isso é um sinal de que existe demanda. O espectador tem a intuição de que uma das oportunidades que se lhe apresentam para escapar ao nivelamento, à desinformação, à lavagem cerebral, é compartilhar com os outros, numa proximidade física e intelectual, um questionamento sobre o mundo e sobre si mesmo. Azar dos produtores, das avaliações estatísticas de audiência, da tirania do Ibope! Nós sabemos muito bem que o teatro não pode morrer. É o menor denominador comum de uma sociedade. Qualquer coletividade começou sempre por se colocar à prova na representação de seus mitos e seus valores, suas proibições e suas aspirações. Desse ponto de vista, não se deve ceder passo ao catastrofismo.

Porém, diante dessa enorme reserva de público, ainda não subjugado às imposições do mercado, é justo continuar a querer escolas verdadeiras, que não seriam a soma superficial de instituições efêmeras e díspares. Quando examino os currículos dos jovens atores, os mesmos se estendem, na maioria das vezes, a mais de dez anos; vejo uma *master class* aqui, um pequeno estágio acolá, um amontoado de referências. Será possível encarar-se isso como um saber efetivo? Creio que não. Como construir uma escola que não seja entregue, no ecletismo e no fortuito, à impaciência aterrorizada de representar, uma escola que seja, muito pelo contrário, uma propedêutica simultânea da arte e da vida? Seus professores, cuja primeira razão de viver seria ter que transmitir não as tradições duvidosas e evasivas, mas algo a partir de sua própria busca, fabricariam o futuro, inclusive sem o saber, na qualidade de quem os convidaria a viver o presente. Sua escola poderia ter como lema: "Eu vivo tão intensamente, tão harmoniosamente o meu presente que não tenho que me preocupar com o futuro". Porém, não se trataria de um discurso luxuoso, elitista, afinal insuportável para todos aqueles que atualmente vivem em condições de ininterrupta precariedade?

RIVIÈRE   A arte é sempre luxuosa, e a ideia, após mais de um século, é que ela seja um luxo "acessível a todos", como dizia Stanislávski.

LASSALLE   Muitas coisas foram feitas num passado recente para que se torne acessível a todos. O Estado deu o exemplo: regiões, coletividades locais tomam posição, sem segundas intenções eleitoreiras, clientelísticas ou mercantis. De Vitry a Estrasburgo, mesmo no conservatório, tive alunos provenientes de áreas muito desfavorecidas. Graças a um sistema de bolsas, eles puderam se inscrever e continuar seus estudos. No entanto, por quanto tempo ainda continuará esse empenho em favor da democratização da cultura, do acesso de todos às práticas artísticas?

RIVIÈRE   O reconhecimento do aspecto luxuoso de qualquer arte é indispensável e deve ser cuidadosamente pensado e afirmado numa perspectiva democrática. No conflito a propósito dos intermitentes, um argumento consternou-me. "Você deve observar bem que servimos para alguma coisa, visto que, se não estivéssemos lá, as cafeterias de Avignon estariam em crise." A arte foi justificada pela existência do mercado! Tanto melhor se houver um benefício econômico para o exercício da arte, mas ele não se baseia apenas nesse aspecto. Essa foi uma das contradições mais terríveis que houve nesse conflito. "Você deve observar bem que servimos para alguma coisa." É uma negação da arte.

LASSALLE   Isso é utilizado frequentemente como justificativa pela classe política, ou seja, a cultura como subterfúgio para o investimento produtivo.

RIVIÈRE   Se a questão for colocada dessa forma, uma catástrofe artística está a caminho.

LASSALLE   Ouvi recentemente no rádio um "contribuinte" dizendo que se incomodava com o quanto iria custar "a operação"

Lille 2004, designada como a capital europeia da cultura. O eleito, que assim se apostrofava, apressou-se a afirmar que a operação já estava totalmente financiada e que iria trazer muito dinheiro à cidade de Lille. A arte, a cultura, claro que são boas, mas com a condição de que tragam um retorno ou, pelo menos, que se autofinanciem. Será que o economista poderia ter ultrapassado o limite? Mesmo que os criadores sempre tenham levado isso em consideração no passado, muito pelo contrário, mas não menos do que hoje em dia, a adesão aos argumentos de uma mercantilização prioritária e hegemônica é inaceitável. O teatro público não tem que se deixar beneficiar pelos reflexos do teatro privado. Quando jovens diretores de teatros nacionais reivindicam, em primeiro lugar, as questões de mercado e de amortização, e quando não mais consideram a dimensão histórica, visionária, emancipada de sua missão; quando esquecem suas obrigações perante as expectativas e necessidades da cidade, tudo isso é entristecedor e significativo de uma terrível involução.

Não há teatro de arte que não reflita conjuntamente no desejo e na impossibilidade de dirigir-se a todos. A cidade ateniense inteiramente reunida em torno de seus concursos de teatro é uma lenda, porém é uma lenda fundadora de uma utopia. A arte é criada por aqueles que, por muito tempo, talvez sempre, não terão acesso a ela. A arte coloca no centro do palco aqueles que ainda não teriam condições de estar na plateia. A arte é criada, do mesmo modo, contra o poder daqueles que pretenderiam domesticá-la, censurá-la ou confiscá-la em proveito próprio.

RIVIÈRE   O gasto improdutivo é, no senso comum, um fato acontecido no sistema monárquico, e, assim sendo, parece incompatível com o sistema republicano, que tem razão ao recusá-lo. No seu sistema de representações e pela harmonia de seu funcionamento, ele deve afastar-se de certo tipo de gasto improdutivo.

LASSALLE   Nem sempre foi assim. O pensamento republicano, digamos os esquerdistas, conceberam essa ideia muito cedo e posicionam-se contrariamente a essa análise.

RIVIÈRE   Sim, mas não sem dificuldades, contradições, evasivas e, de qualquer modo, muito pouco atualmente.

LASSALLE O senhor tem razão. Hoje em dia, toda a classe política, exceto os de ultraextrema esquerda, parece resignar-se, em matéria de arte e cultura, com um compromisso de natureza tecnocrática e liberal. Não obstante, as conquistas anteriores não são senão lembranças. Muitos, na França pelo menos, valorizam isso para que uma espécie de livre acesso à educação, ao saber, às obras de arte, aos ensinamentos e às práticas artísticas seja também um direito, dispendioso, luxuoso talvez, mas inalienável.

RIVIÈRE Formar um ator, convidá-lo a exercer sua profissão é arrastá-lo a um mundo que não o reconhece como peça essencial nas despesas luxuosas. "Você entrará num lugar em que não será reconhecido por aquilo que você essencialmente é, um dos atores na despesa luxuosa. Portanto, será preciso que você se legitime sob outros aspectos."

LASSALLE Isso remete à duplicidade ordinária da análise politizada. Empregos devem ser criados, mesmo que sejam fictícios, os pré-empregos. "Vou subvencionar uma formação e, quando você estiver formado, eu lhe direi: não tenho mais trabalho para você." É um fator de angústia inacreditável.

RIVIÈRE É uma das explicações para o caráter muitas vezes irracional ou inapropriado das lutas dos intermitentes, e particularmente para o cancelamento de festivais.

LASSALLE E não importa de qual festival se trata. Os festivais puramente mercantis, no conjunto, não tiveram problemas.

RIVIÈRE É o festival "público" e "luxuoso" que eles quiseram ver naufragar...

LASSALLE Avignon, que se dizia "in". Isso não foi por acaso. Uma minoria quis produzir um exemplo, criar o irremediável, fixar um ponto de não retorno. Aqueles que os seguiram têm a desculpa da aflição, da ausência de perspectivas, da urgência, talvez também o calor do verão provençal, as ilusões líricas de uma greve geral, uma revolução antiglobalização. Esperamos que possam, todavia, não ter assinado a sentença de morte do Festival de Avignon e, de um só golpe, não tenham comprometido, daqui para a frente, o futuro dos palcos, das escolas que ainda reivindicam um teatro de arte, nacional, popular, ou seja, elitista, luxuoso, para todos; em suma, o futuro de uma prática de criação e transmissão que ainda se inscreve numa missão de serviço público.

Parte II

DEPOIS
Jacques Lassalle

Prefácio

No outono de 1961, interrompi meus estudos no Conservatório de Paris para fazer meu serviço militar. Tendo esquecido do meu alistamento militar na época própria, acabei indo parar nos "infantes", um regimento de infantaria colonial de terrível reputação. Asmático, minha fraca capacidade pulmonar valeu-me a seção 5, constituída por alguns incapacitados, analfabetos e condenados pela justiça. O serviço durava então 27 meses, dos quais 24 em "operações" no território argelino. Minha saúde deficiente e a chegada de um segundo filho valeram-me a dispensa do serviço militar ao final de dez meses, sem ter conhecido a Argélia. Cheguei, depois, a tentar desculpar a mim mesmo pela brevidade de meu serviço militar e seu pouco desenvolvimento bélico pela grosseria de nossa afetação na metrópole.

Na primavera de 2001, aposentei-me como professor do mesmo conservatório no qual tinha sido, havia muito tempo, um aluno perplexo e deslocado. Jacques Rosner, de 1981 a 1983, em seguida Marcel Bozonnet, de 1994 a 2001, confiaram-me a responsabilidade de um curso de interpretação. Nesse meio tempo, tinha dirigido, por oito anos, o Teatro Nacional de Estrasburgo e sua escola, depois dirigi durante três anos a Comédie Française.

No momento de deixar meu curso, pareceu-me necessário restabelecer contato entre o aluno que eu tinha sido e os alunos que me preparava para abandonar. Certamente, tudo ou quase tudo tinha mudado em quarenta anos. O conservatório não tem mais como missão principal ser a antessala da Comédie Française. Os professores não são mais nomeados como vitalícios. Eles não pertencem mais, senão raramente, à "Grande Casa", ao passo que antes de 1968 eram, unanimemente, sócios majoritários, professores de carreira e transmissores de uma arte da dicção essencialmente respiratória e vocal. Os alunos não são mais recebidos em função do *emploi*[1]. Não se entra e não se sai mais galã, primeiro ator, criado, cocote, ingênua, rainha da tragédia, *soubrette* (aia), *manteau* (traidor), *raisonneur*[2]. A encenação e também a desconstrução dramatúrgica e cenográfica das obras são permitidas a partir de agora. A maior parte dos professores titulares dos cursos de interpretação, na maioria das vezes, são atualmente mais encenadores do que atores ou atrizes.

Novas disciplinas (a estética teatral, a história das formas, dos gêneros, das correntes de representação contemporânea) são somadas às antigas, cujo ensino cresce e se diversifica (literatura dramática, dança, canto, máscaras, esgrima, voz…). Intercâmbios cada vez mais frequentes se produzem entre o conservatório e outras grandes escolas no mundo e, mesmo em Paris, com o Conservatório de Música, a Escola de Belas Artes, a Femis (Escola Nacional Superior de Artes da Imagem e do Som)… Os alunos não ficam mais ligados durante três anos ao mesmo professor de interpretação. A cada ano, podem mudar de professor. Sobretudo os exames de conclusão desapareceram. Acabou o ensaio de cenas únicas, incansavelmente reprisadas e executadas de forma minuciosa, na esperança de um prêmio principal em drama e/ou comédia clássica e moderna. Acabou simultaneamente o recurso

---

1 *Emploi*: palavra francesa que não tem correspondente em português. Significa um conjunto de papéis de uma mesma categoria, sob o ponto de vista "da aparência física, da voz, do temperamento, da sensibilidade, de características análogas e, portanto, suscetíveis de serem representadas por um mesmo ator" (Corvin). Cf. verbete Emploi, em J. Guinsburg, João Roberto Faria, Mariangela Alves de Lima (coords.), *Dicionário do Teatro Brasileiro (Temas, Formas e Conceitos)*, 2. ed., São Paulo: Perspectiva, 2009, p. 133 (N. da T.).
2 No teatro, personagem que chama à razão, que fala a linguagem da razão (N. da T.).

se ao invés e no lugar do professor principal nos servirmos de um monitor, ele próprio ainda aluno ou já pensionista em Richelieu e considerado o inevitável coordenador da lista de prêmios. (Caso se ignore esse costume, não se tem condições de compreender totalmente o primeiro ato de *Depois*, durante o qual o jovem residente Jean-Jacques substitui, ao lado de seus antigos colegas, Fernand Goupil, seu célebre mestre, mas isso será visto mais adiante.) De fato, se o espírito de competição e união nas organizações não desapareceu completamente do conservatório nos dias de hoje, mudou ao menos o discurso de apostas e modelos.

Nessas condições, *Depois* tornou-se para mim, ao mesmo tempo, um presente de despedida, uma obrigação da memória.

Sua elaboração consistiu primeiramente em respeitar a regra do jogo que me foi designada na época: quatro meses de preparação e aproximação pedagógica de meus treze alunos em torno de obras emprestadas mais frequentemente do repertório clássico; além disso, com a duração de seis semanas, o trabalho em cima do texto pela manhã, no palco em seguida, de uma ficção e de uma dramaturgia que dotavam cada um dos jovens atores de um personagem de importância sensivelmente equivalente à de seus colegas. Muito de minha história e da de meus alunos aconteceu trabalhando nesse texto. Quarenta anos nos separavam e tudo, na época, tinha um aspecto diferente daquilo que se viveu em 1961[3]. Mas as questões que são colocadas para os jovens atores aprendizes de então seriam tão diferentes daquelas colocadas aos alunos mais antigos? Não parece, e a cada dia a turma tomava mais consciência disso. Se a história não se repete senão por algumas poucas vezes, ela não para de exigir que nos posicionemos diante dela e do aqui e agora onde a vivemos. É a partir do contraste fixado nas memórias e gerações, é a partir de um ir e vir contínuo do singular ao coletivo que pode nascer, sem dúvida, entre o mestre e seus alunos, algo como um futuro compartilhado.

Jacques Lassalle,
agosto de 2003.

---

3 A esse respeito, contudo, eu consenti ao personagem de Sara, interpretado por Rachida Brakni, uma sensível digressão da realidade no início dos anos de 1960. Nessa época, na realidade, a entrada de um aluno argelino no conservatório era literalmente impensável.

PERSONAGENS

ANABELA, aluna do conservatório, terceiro ano
BRANCA, primeiro ano
CATARINA, terceiro ano
DANIEL, terceiro ano
HENRIQUE EMANUEL, primeiro ano
JOÃO PAULO, terceiro ano
LUÍSA, primeiro ano
MIGUEL, segundo ano
SARA, terceiro ano
SUZANA, segundo ano
VIVIANE, segundo ano
JEAN-JACQUES, professor pensionista da Comédie Française desde seu concurso no ano anterior
FRANCISCO, soldado convocado para a Argélia

Primeira Jornada
Sexta-feira, 22 de abril de 1960:

A Notícia

1. ANDRÔMACA

Anabela (Hermíone) e João Paulo (Orestes) apresentam a Jean-Jacques e aos demais alunos a cena 3 do quinto ato de Andrômaca, *de Racine.*

ORESTES: Pirro entrega ao altar sua vida infiel.
HERMÍONE: Ele morreu?
ORESTES: Ele expira; e nossos gregos inflamados
    Lavaram no seu sangue suas infidelidades.
    Eu vos tinha prometido; e embora minha coragem
    Tenha feito dessa conspiração uma funesta imagem,
    Corri em direção ao templo, onde nossos gregos dispersos
    Estão até o altar na multidão infiltrados.
    Pirro reconheceu-me. Mas sem mudar o semblante:
    Parecia que o ver-me estimulava sua audácia,
    Que todos os gregos, corajosos por seu mensageiro,
    Devessem do seu casamento reerguer a glória.
    Enfim, com entusiasmo, tomando sua coroa,
    Na fronte de Andrômaca ele mesmo a colocou […].

JEAN-JACQUES (*a João Paulo*): Você corta em "ele mesmo", retoma em "nossos gregos" e termina em "para golpear", oito versos antes do final do trecho.
JOÃO PAULO: Tem certeza?
JEAN-JACQUES: Sim. É Anabela quem passa a cena. Não você.

> ORESTES: Nossos gregos responderam apenas com um grito de revolta;
> O infiel viu-se envolvido por todos os lados,
> E eu não pude achar lugar para golpear.
> HERMÍONE: O que fizeram?
> ORESTES: Perdoai a impaciência deles:
> Acabaram traindo vossa vingança, bem o vi.
> Desejaríeis que minha mão desse os primeiros golpes,
> Que ele sentisse, agonizante, que expirava por vós;
> Mas foi o meu ardor que lhes serviu de exemplo:
> Provoquei-os no templo somente por vós,
> Senhora; e podeis favorecê-los justamente
> Pela morte que seus braços outra coisa não fizeram senão executar.
> Vós unicamente estimulastes os golpes...
> HERMÍONE: Cale-te, traidor,
> E não atribua senão a ti o teu covarde parricídio,
> Vá e faça com que teus gregos admirem tua fúria;
> Vá, eu a desaprovo e tu me causas horror.
> Bárbaro, o que fizeste? Com que fúria
> puseste fim ao curso de vida tão bela?
> Pudestes vós, cruéis, imolá-lo hoje
> Sem que todo vosso sangue se revoltasse por ele?
> Diga, porém: de seu destino quem te revestiu de árbitro?
> Por que assassiná-lo? O que fez ele? Por qual razão?
> Quem te mandou?
> ORESTES: Ó Deus! Como? Não me ordenastes vós,
> vós mesma, aqui, há pouco, a sua morte?
> HERMÍONE: Ah! Deveria alguém acreditar numa amante insensata?
> Não deverias tu ler no fundo do meu pensamento?
> E não viste tu, nos meus acessos de cólera,
> Que meu coração desmentia minha boca em todos os momentos?
> Caso eu o tivesse desejado, teria tido que assiná-lo?
> Não deverias tu ter-me pedido cem vezes para repeti-lo?
> Tu mesmo, antes do golpe, não deverias vir consultar-me,

Voltar mais uma vez, ou antes de tudo evitar-me?
Por que não me deixaste o gosto da minha vingança?
Eis do teu amor o detestável fruto:
Tu me trouxeste, cruel, a desgraça que te acompanha.
És tu o autor da mensagem, fatal a nós ambos,
Que o fez desgraçadamente preferir minha rival.
Nós ainda poderíamos vê-lo dividir conosco seus cuidados;
Ele haveria de me amar, talvez, pelo menos o fingiria.
Adeus. Podes partir. Vou continuar no Épiro:
Renuncio à Grécia, a Esparta, ao seu império,
a toda minha família; e para mim basta,
Traidor, que ela tenha feito surgir um monstro como tu.

JEAN-JACQUES: Está bom. Mas veja, Anabela, na tragédia você tem que ser mais amável, mais afetuosa. Você não deve estar tomada pela paixão. Ela não cresce dentro de você. Ela não te devasta. Não se pode acreditar que você vai mandar teu amante para a morte, arrependido. Não, eu não imagino isso.

ANABELA: Eu ainda posso trabalhar...

JEAN-JACQUES: E além disso, há o problema da tua voz. Ela é como um cravo e não como os grandes órgãos. O teu tom médio é o de coloratura, não de um meio-soprano. Outra coisa, você detalha, balbucia, cede à retórica. Com Atalides, com Arícia, tudo bem se for o caso. Mas com Hermíone... Não estou te desencorajando, note bem. Você está na zona das recompensas. Você ganha uma recompensa em tragédia para que sirva de apoio a um prêmio na comédia, isso não lhe fará mal. Mas não se engane na comédia. Você está pensando em Celimène?

ANABELA: Mais do que nunca.

JEAN-JACQUES (*designando João Paulo*): Com ele?

JOÃO PAULO: Sim.

JEAN-JACQUES: No Orestes, João Paulo, você não está sendo muito claro.

JOÃO PAULO: Eu sei. Mas estou somente dando uma ajuda a Anabela. E além disso, é um bom exercício.

JEAN-JACQUES: Um exercício... Muito tardio para ser feito faltando dois meses para o exame. Há algo mais grave: para o caso de você fazer Alceste, no caso de Anabela, eu aliás não estou muito convicto.

JOÃO PAULO: Tarde demais. Nós dois já nos inscrevemos.

JEAN-JACQUES (*a João Paulo*): Nada é irremediável. (*A Anabela.*) Pense nisso, Anabela.
ANABELA: Nós falaremos disso, João Paulo.
JOÃO PAULO: Vamos passar esta cena juntos. Não há porque voltar atrás com relação a isso.
JEAN-JACQUES: Veja você, João Paulo, eu gostaria realmente de rever o teu Fígaro do *Casamento* [*de Fígaro*, de Beaumarchais].
JOÃO PAULO: No monólogo? Mas já foi com ele que eu entrei. Eu me aborreço nos monólogos. Não sei a quem me dirigir.
JEAN-JACQUES: Encontre um Almaviva e trabalhe com ele a cena do segundo ato. Retornemos a você, Anabela. No gênero moderno, o que escolheu?
ANABELA: Sempre *Uma Garotinha Muito Simplória*, de Roussin, com o Daniel.
JEAN-JACQUES: Perfeito.

João Paulo sai batendo a porta.

ANABELA: Não ligue para ele. (*Ela sobe no palco, dá uma volta, à maneira de um manequim.*) E para Hermíone, a túnica?
JEAN-JACQUES: Ela fica bem em você.
ANABELA: De verdade?
JEAN-JACQUES: Sim.
MIGUEL: Sublime, a gente falou.

Todos riem.

ANABELA: Bom, agora, vou ver o que aconteceu com o João Paulo.

Ela sai.

JEAN-JACQUES: De quem é a vez?

Catarina se levanta.

JEAN-JACQUES: Como você se chama?
CATARINA: Catarina.
JEAN-JACQUES: Você já tem o figurino?
CATARINA: Sim. Por quê?

DANIEL: A personagem não pode ser trabalhada sem o figurino. É o que se chama realismo histórico.
JEAN-JACQUES: É a primeira vez que você vem ao meu curso. No último ano, a gente não estava na mesma classe?
CATARINA: Não. Realmente. Não na mesma classe e nem com as mesmas ideias. Mas pedi ao Daniel para trabalhar comigo em *A Prova*, de Marivaux. Ele é Lucidor, eu a Angélica. Acontece que não estamos de acordo. Então ele quer ouvir a sua opinião.
JEAN-JACQUES: E você?
CATARINA: Eu também.

2. A PROVA

Os mesmos. Catarina (Angélica), Daniel (Lucidor) e Henrique Emanuel (Frontin) apresentam a cena 8 e o início da cena 10 de A Prova, *de Marivaux.*

ANGÉLICA (*rindo*): No que pensais vós, então, ao me considerar tão forte?
LUCIDOR: Acho que vos embelezais a cada dia.
ANGÉLICA: Isso não acontecia quando vós estáveis doente. A propósito, sei que gostais das flores, e eu também pensava em vós ao colher este pequeno buquê; tomai-o, senhor, pegai-o.
LUCIDOR: Não o pegarei senão para devolvê-lo a vós, terei muito prazer em vos rever.
ANGÉLICA (*pegando o buquê*): E eu, neste momento em que o recebi, amo-o mais do que antes.
LUCIDOR: Vós nunca retribuis nada por obrigação.
ANGÉLICA: Ah! Isto é tão agradável com relação a algumas pessoas; mas o que queríeis vós de mim, então?
LUCIDOR: Dar-vos demonstrações da extrema amizade que tenho por vós, com a condição de que, antes de mais nada, vós me informeis sobre o estado de vosso coração.
ANGÉLICA: Ai de mim! Em breve se verá! Não vos direi nada novamente; privai da nossa amizade, pois vós bem a conheceis, não há nada no meu coração, que eu saiba, além dessa amizade.
LUCIDOR: Se vós não odiais o falar-me, quero muito reiterar, minha cara Angélica: quando não vos vejo, sinto vossa falta e vos procuro.
ANGÉLICA: Vós não procurais por muito tempo, pois volto rápido e afasto-me pouco.

LUCIDOR: Quando vós retornais, fico contente.
ANGÉLICA: E quanto a mim, não estou triste.
LUCIDOR: É verdade, vejo com alegria que a vossa amizade corresponde à minha.
ANGÉLICA: Sim, mas infelizmente vós não sois da nossa aldeia, e vós retornareis talvez em breve para vossa Paris, que eu gosto pouco.
LUCIDOR: Ah! Que importa...

CATARINA: Espere, faltou uma frase.
DANIEL (*de má vontade*): "...responda à minha".

Catarina retoma sua réplica em "Sim, mas infelizmente..." até "que eu gosto pouco". Uma vez mais Daniel a interrompe.

"Ah! Que importa..."
CATARINA: Eu pedi para esperar até que a minha réplica estivesse terminada.

Daniel se contenta desta vez em retomar sua réplica precedente a partir de "a minha". Catarina, resignada, submissa.

ANGÉLICA: Se eu estivesse em vosso lugar, eu acharia antes que não iria vê-lo mais.
LUCIDOR: ...que eu volte ou não, pois não depende senão de vós que fiquemos juntos?
ANGÉLICA: Ambos os dois, senhor Lucidor! Vamos ver! Contai-me então como isso se dará.
LUCIDOR: É que vos destino um marido que aqui reside.
ANGÉLICA: Será possível? Ora essa, pelo menos não me enganeis, meu coração palpita sem parar; ele se hospeda convosco?
LUCIDOR: Sim, Angélica, estamos na mesma casa.
ANGÉLICA: Isto não é o bastante, ainda não me atrevo a confiar tranquilamente nisso. Que homem é esse?
LUCIDOR: Um homem muito rico.
ANGÉLICA: Isso não é o principal; continuai.
LUCIDOR: Ele tem a minha idade e a minha estatura.
ANGÉLICA: Bom! É isso que eu queria saber.
LUCIDOR: Nossos temperamentos se assemelham, ele pensa como eu.
ANGÉLICA: Está indo cada vez melhor, como eu o amarei!
LUCIDOR: É um homem muito amoroso, tão sem cerimônia quanto eu.
ANGÉLICA: Não desejo outra coisa.

LUCIDOR: Ele não tem nem ambição, nem fama e não exigirá daquela com quem se casar senão o seu coração.
ANGÉLICA (*rindo*): Ele o terá, senhor Lucidor, ele o terá, já o tem; eu o amo tanto quanto vós, nem mais, nem menos.
LUCIDOR: Vós tereis o seu, Angélica, eu vos asseguro, eu o conheço; tudo se passa como se fosse ele próprio quem vos dissesse.
ANGÉLICA: Ah! Sem dúvida, e eu também respondo como se ele estivesse aqui.
LUCIDOR: Ah! Que impaciente está ele, vós ireis torná-lo feliz!
ANGÉLICA: Ah! Eu vos prometo que ele não será feliz sozinho.
[...]

Henrique Emanuel aparece então como Frontin. Eles retomam as réplicas do início da cena 10.

LUCIDOR: [...] É ele, é este o marido pelo qual estais esperando tão favoravelmente e que, pela semelhança de nossos temperamentos, é de fato um outro como se fosse eu mesmo. [...]
(*Frontin avança e saúda Angélica desajeitadamente.*) O que achais dele?
ANGÉLICA: Não estou entendendo nada.

Ela cai desmaiada.

JEAN-JACQUES: Comentários?
MIGUEL: O desmaio, talvez seja uma demasia.
DANIEL: Eu fui contra, de qualquer forma.
JEAN-JACQUES: A montagem é sua, Daniel?
DANIEL: Adivinhe.
CATARINA: Não está bom?
JEAN-JACQUES (*a Daniel*): Revisando. Muito abrupto. Afora isso, está bom. Em todo caso você, Daniel, está zombeteiro, cruel, mas atraente, sedutor. Marivaux é isso. Jogamos, apimentamos, fazemos um pouco como que para sermos desejados por aqueles a quem amamos e que nos amam. Fingimos. Nada mais.
CATARINA: "Fingir que se está fingindo." Foi o próprio Marivaux quem o escreveu em *Os Atores Sinceros*.
JEAN-JACQUES: Teu nome, antes?
CATARINA: Catarina.
JEAN-JACQUES: Catarina, você, ao contrário, é muito sincera. Você pondera, acentua bastante, sobretudo no final.

CATARINA: Mas quanto a Angélica, ela ama. É a primeira vez. Ela acha que não haverá nenhum outro amor. Ela ama com todas as suas forças. Há meses já. Em silêncio. E a prova a que é submetida por Lucidor, ela não pode imaginar nem por um instante que seja por brincadeira. Aliás, é para rir? Lucidor é bem capaz de ir até o fim com isso, só para saber. Ele não ama, ou se ama é para causar o mal. Ele não pode estar amando. Ele não quer senão desfrutar do mal que causa.

JEAN-JACQUES: Onde você foi buscar isso?

CATARINA: Eu vi *A Segunda Surpresa do Amor*, na encenação de Planchon. Você não viu?

JEAN-JACQUES: Claro que não. Vê-se nessa montagem, ao que parece, a condessa e o marquês fazendo amor numa cama, no palco, e um criado urinar no muro. Do que acha que estão zombando?

MIGUEL: Do público!

JEAN-JACQUES: Sim, sem dúvida. Marivaux não tem nada a ver com o realismo ordinário. Deixemos isso para Zola.

CATARINA: Ele também escreveu *A Vida de Marianne* e *O Caipira Próspero*.

JEAN-JACQUES: São romances. É outra coisa. Veja, Catarina, não nos conhecemos. Mas tenho a impressão de que você complica tudo. Sob a aparência de fazer moderno, você afunda no *pathos*. Você viu a senhorita Faure nesse papel?

CATARINA: Ela tem cinquenta anos.

JEAN-JACQUES: Angélica é muito mais do que um papel, meu amor. É um *emploi*[1]. É mais do que um personagem, do que um tipo social, do que uma condição. Um *emploi*! Angélica, da mesma maneira que Agnes, é aquilo que chamamos de ingênua! É um repositório inesgotável! Não é como o verossímil do momento. É a eternidade do verdadeiro! Angélica pode ser interpretada em qualquer idade.

CATARINA: Mas onde vai parar a realidade de hoje em dia, a minha vida de mulher em tudo isso?

JEAN-JACQUES: Deixe-as que fiquem como estão: anedóticas, instáveis, miseráveis. Apenas a arte importa. E a arte, no nosso caso, é a de Marivaux, imutável, tal como ele a sonhou com

---

1 Ver supra, n. 1, p. 112 (N. da T.).

seus atores italianos e suas piruetas, suas cabriolas, seus *lazzi*, suas enxurradas de palavras e de risadas sob as máscaras da *commedia dell'arte*.

CATARINA: Estou fora disso!

JEAN-JACQUES: Eu te entendo, Catarina. Você está no seu direito. Veja os outros. Daniel, ele está perfeito. Mas não é ele quem passa a cena. É Catarina. E Catarina, hoje, traiu Marivaux, no seu pensamento e no seu estilo. Tudo ainda pode ser consertado. Isto que falo não se refere senão a ela. Você, Daniel, continua pensando nos *Caprichos*.

DANIEL: ....em Otávio, sim. E em *Um Rapaz Apressado* [de Eugene Labiche] para o moderno.

JEAN-JACQUES: São duas boas escolhas, complementares. (*Anabela e João Paulo retornam neste exato momento. Aparentam estar reconciliados.*) Poderíamos muito bem nos encontrar em Richelieu todos os dois no próximo ano, Daniel.

ANABELA: Você quer dizer todos os três, Jean-Jacques.

JEAN-JACQUES: Claro.

DANIEL (*para Jean-Jacques*): Você ainda acha isso depois desse Lucidor?

MIGUEL: Por que você se desmerece tanto, Daniel?

JEAN-JACQUES: Penso sempre nele, Lucidor deve entrar. Nos últimos exames, outros também o escolheram. Depois de tua réplica em *O Mentiroso* [de Corneille], em particular. Vocês o viram, os outros?

Surgem Sara e Suzana.

SUZANA: Goupil foi embora. Depois de nossa cena, não havia mais ninguém. Então ele foi embora.

SARA: Vocês estão contentes?

SUZANA: Não é assim tão grave. Simplesmente, Jean-Jacques, no futuro será preciso evitar que você dê os teus cursos nos mesmos horários que ele.

JEAN-JACQUES: Vocês estavam passando o quê?

SARA: *Maria Stuart,* de Schiller. Não procure. Não é um texto francês.

JEAN-JACQUES (*pausa*): A banca, vocês sabem, não gosta de traduções. E além disso, não é uma boa cena, é loquaz, moralizante, em resumo: alemã. Enfim, não é senão minha opinião.

SARA: Não é tão pesado.
SUZANA: Você exagera, Sara. Mesmo que não tenhamos trabalhado com ele, ainda assim podemos ouvi-lo. Sua opinião para os concursos é sempre útil.
SARA: A troco do quê? Já sabemos de antemão o que ele vai falar.
JEAN-JACQUES: Você está errada, Sara. Eu sou menos sectário do que você acha. Mas isto aqui é uma escola. Ela pode abrir as portas do teatro francês para vocês. Aqui, entra-se e sai-se por meio de concursos. É o que conta. É preciso saber aquilo que se quer. Acho que conheço um pouco as regras do jogo, e procuro prestar a vocês um serviço. Além do mais, talvez eu tivesse algo melhor a fazer do que passar minhas manhãs aqui entre dois ensaios na Richelieu.
ANABELA: Jean-Jacques...
JEAN-JACQUES: Não. Tudo bem.
SARA: Você não se incomoda de ficar ensinando pelas costas?... Sem que ele nem ao menos saiba, sem que você nem mesmo tenha sido apresentado a ele.
JEAN-JACQUES: Sou apenas o seu ensaiador. Nada além disso. É um grande ator. Admiro sua atuação e respeito sua carreira. Mas quem sabe se pelo repertório, pela tradição, pela escolaridade, pelas avaliações trimestrais, pelas listas de prêmios... ele se sinta intimidado.
SARA: É o que eu gosto nele.
JEAN-JACQUES: Posso entender isso.
SUZANA: Ficamos mais um pouco? (*Silêncio de Sara.*) Isto não é trair o Goupil. Ele haveria de entender muito bem se ficasse sabendo.
VIVIANE: De qualquer maneira, ele já recomeçou as suas traduções do grego.
ANABELA: Do grego?
VIVIANE: Sim, ele está traduzindo o *Apocalipse* segundo São João.
ANABELA: É bem isso o que eu achava dele. Nossos problemas com o concurso não o interessam de modo nenhum.
SUZANA: Ele não quer transmitir aqui senão uma experiência, a dele. Em proveito de quem ele acha que deve.
JEAN-JACQUES (*depois de uma pausa*): Talvez ainda uma cena? Tenho que deixá-los ao meio dia.

3. A PLACE ROYALE

MIGUEL: Venham conosco! Viviane! Henrique!
ANABELA: Mas ela ainda está no segundo ano! Ela não foi aprovada para concorrer, que eu saiba. Ficou apenas a Muriel com o Dussane, que conseguiu uma prorrogação.
DANIEL: Ainda temos seis semanas. Falo isso porque sei.
JEAN-JACQUES: Vocês dois têm razão. Viviane vai fazer o seu concurso, como a maior parte de vocês no momento oportuno, no terceiro ano. Mas as Turnês Karsenty a chamaram para uma audição. Ela me pediu um conselho. Talvez isso seja útil a cada um de vocês para aprender a se apresentar no seu melhor dia. Explique-se, Viviane.
VIVIANE: Para a audição, pensei em Angélica...
ANABELA: Outra vez!
VIVIANE: ...aquela da *Place Royale* (de Corneille). Ela ama um rapaz, Alidor, que a ama, mas por amá-la, ele tem medo de perder sua liberdade. Ele então inventa uma artimanha horrível para abandoná-la.
DANIEL: Será que isso já aconteceu com você?
VIVIANE: Nojento!
MIGUEL: Deixe-a em paz, merda. Então, para voltar à *Place Royale*, Viviane hesita entre dois atores para Alidor: Henrique Emanuel e eu.
VIVIANE (*depois do incidente com Daniel, ela tem lágrimas nos olhos*): Eles são tão diferentes. Por isso, a gente pensou em lhe pedir um conselho, Jean-Jacques.
JEAN-JACQUES: Quem começa?
MIGUEL (*a Henrique Emanuel*): Vai.

Viviane/Angélica lê uma carta. Entra Henrique Emanuel/Alidor. Eles interpretam a cena 2 do segundo ato do texto de Corneille, após a réplica de Alidor: "Posso ter um momento de tua prezada conversa..." até a exclamação de Angélica: "Céus, você não pune homens assim tão maus!"

JEAN-JACQUES (*interrompendo Henrique Emanuel*): Henrique Emanuel, você pode dar teu lugar ao Miguel?
HENRIQUE EMANUEL: Claro.

Henrique Emanuel afasta-se e dá seu lugar a Miguel, que continua a cena com Viviane, até os quatro primeiros versos da cena 3, em que Viviane/Angélica está só.

JEAN-JACQUES (*interrompendo Viviane*): Acho que vamos parar aqui. Atenção para os acessórios, Viviane, evidentemente você não os terá no dia da audição. (*Ele mostra o grande espelho com suporte que Viviane instalou no palco.*) De maneira mais geral, todos vocês desconfiem dos monólogos.

JOÃO PAULO: Foi por isso que você me aconselhou a retomar o monólogo de Fígaro no concurso?

JEAN-JACQUES: O monólogo de Fígaro em *O Casamento*... é um aparte.

JOÃO PAULO: Como um aparte? Vamos, diga, eu é que estou à parte!

ANABELA (*menos tensa*): João Paulo, você não vai recomeçar.

JOÃO PAULO: Desculpe-me.

ANABELA: A propósito, Jean-Jacques, para Alceste, João Paulo está de acordo. Ele desiste. Em troca, eu lhe darei a réplica moderna em *Dominó,* de Marcel Achard.

JEAN-JACQUES: Perfeito. *Dominó* é uma boa ideia.

MIGUEL: Não se esqueça de nós, Jean-Jacques.

JEAN-JACQUES: É preciso que seja você, Miguel, quem dará a réplica a Viviane. Você é furioso, mas não se esqueça de ser divertido. Talvez você a ame, mas sabe manter isso escondido. E depois, você tem o sentido do movimento. Henrique Emanuel está bem também. Mas um pouco sensível demais, abatido demais, excessivamente...

HENRIQUE EMANUEL: Estou Célio demais? Você me fala dele cada vez que passo a cena.

JEAN-JACQUES: Você tem razão. De fato, em os *Caprichos* [*de Mariana,* de Musset]... Viviane, no ano que vem você também deverá pensar nela.

VIVIANE: Na Marianne, de verdade?

JEAN-JACQUES: Sim. E você, Henrique Emanuel, eu gostaria, na ocasião, de te ouvir em *Etienne,* de Jacques Deval e em *Pega Fogo,* de Jules Renard.

ANABELA: Henrique Emanuel! O primeiro ano, agora!

DANIEL: No teu lugar, Viviane, eu desconfiaria. Você é quem está sendo chamada, o Miguel é quem fecha. Vejo apenas ele.

MIGUEL: Você é quem fecha, não é?
DANIEL: É verdade.
JEAN-JACQUES: Bom, obrigado meninos. Trabalhem direito. Não posso vir senão na terça-feira. E será depois do meio-dia. No seu caso, Suzana, deixo suas manhãs para o professor titular.

Jean-Jacques sai. Ele é acompanhado até a porta por Viviane, Miguel, Anabela, Daniel, Henrique Emanuel, Luísa.

VIVIANE: Você está chique para trabalhar com o Goupil!
DANIEL: Droga, Jean-Jacques no *Improviso*!
TODOS: É mesmo, que droga!
JEAN-JACQUES: É uma reprise. E, no *Improviso de Versailles*, o marquês não faz mais nada além de entrar e sair. Não é com ele que eu passarei a ser sócio.
SARA: Mais uma vez bravo! Jean-Jacques. No teatro a gente não está de acordo com você, quanto mais na cafeteria. Você não é um ator, é um agente. Você não pensa por si próprio. É o ventríloquo dos teus patrões, dos sócios. Você não ensina, você recruta.
JEAN-JACQUES: Até logo, Sara. Penso muito em você e no Bernardo.
SARA: Eu te proíbo...
JEAN-JACQUES: Está bem. Mas não abuse da situação. Teus colegas e eu não somos os responsáveis por isso. Adeus a todos.
TODOS (*exceto Sara, Catarina e João Paulo*): Até terça, Jean-Jacques. E obrigado.
ANABELA: Sim, obrigada, obrigada por ser como você é.

Ela abraça Jean-Jacques, que sai. Silêncio.

4. A AULA ENFURECIDA

SUZANA (*ela se levanta*): Você vem, Sara?
SARA: Eu falo do seu trabalho, do nosso trabalho e ele me responde sobre a vida privada. E vocês, todos os outros, ficam fascinados, anestesiados, desmiolados! Vocês não sabem nem mesmo se deixaram de existir. Ele manipula vocês. Ele nivela vocês, destrói em vocês qualquer traço de identidade, e vocês pedem que isso aconteça novamente. "Mais uma vez! Outra! Me anestesie, é bom! Me transforme em clone, em papagaio, em capacho, em ator substituto. Eu pertenço a você." Vocês do terceiro ano, vá lá, talvez vocês saibam porque eles estão aqui: "Meu reino por um cavalo!" A minha liberdade, a minha dignidade por um primeiro prêmio. Mas os do primeiro e do segundo ano, o que é que vocês procuram? Vocês já estão concorrendo? Já marcaram a data?

Suzana aproxima-se de Sara.

SUZANA (*depois de uma pausa, amável*): Você está indo longe demais, Sara.
SARA: Não aguento você.

Pausa. Suzana sai da classe.

DANIEL: Os novos talvez sintam necessidade de te responder, Sara. Eu falarei depois. (*Silêncio.*) Viviane, por exemplo?
VIVIANE: Não. É claro que não na tua presença.
DANIEL: Gostei muito de você. Vai me buscar um café?
VIVIANE: Ninguém está achando a mínima graça.
DANIEL: Quem sabe! De quem é a vez, agora que a Viviane já passou a sua cena?
LUÍSA (*aproximando-se de Sara*): Veja, Sara, a gente mal se conhece, quase não nos vimos neste ano. Eu te pedi para passar o diálogo comigo em Agrippine, quando eu fazia a Junie. Você me disse que não tinha tempo e muito menos o peso para a força que o papel pede. E você ainda me disse que detestava "dar a réplica". E no dia de hoje você vem e nos ataca. Me sinto quase insultada. No entanto, como você era no primeiro ano?

Eu vim de minha cidade, em Cholet. Descobri o teatro na Escola São Vicente de Paulo. Eu me preparava para o certificado de aptidão de costureira. E a professora de costura me escolheu para representar Jeanne, na *Brincadeira*, de Jean Anouilh. Ela tinha feito um pouco de teatro antes, nos coros da Ópera de Angers. Ela não gostava muito. Depois do sucesso que tive com *A Brincadeira*, como ainda era dependente de meus pais, ela pagou a viagem para que eu me apresentasse na rua de Blanche. Meus pais aceitaram quando souberam que eu ganharia uma bolsa e que moraria com minha tia no bairro République. Depois de um ano, a ENSATT me apresentou ao conservatório. Fui aceita justamente em *A Brincadeira*. Mas não sei nada. Procuro compreender. Tento acompanhar todos os cursos, o professor de história do teatro me dá livros para ler. E cada vez que os alunos são convidados, vou ao teatro à noite.

MIGUEL: Com quem?

LUÍSA: Com minha tia. (*Risos de todo mundo e também de Luísa.*) Ela conhece o nome de todos os artistas. Ela me diz que tenho chance. Que ela também teria gostado muito de fazer teatro. (*Pausa.*) Sara, eu te repito, não estou marcando datas, não estou concorrendo. Eu me esforço, porque ainda não sei nada.

BRANCA: Também eu, como a Luísa, estou procurando. (*Todos a olham. Ela fica intimidada, mas decide falar.*) Há uma diferença entre nós. (*Ela vai e vem na classe.*) Eu me esforço, mas quanto mais me esforço, mais tenho dúvidas. Há muito tempo que assisto teatro, que ouço falar de teatro. Moro em Paris. Meus pais são da área de ensino e têm um contrato em Chaillot. Quando era ainda muito pequena, eles já me orientavam. E quando falei de ingressar no curso de Dullin, em Chaillot, na Casa de Vilar, eles ficaram felizes. Ao mesmo tempo continuei meus estudos em Direito. Mas já tinha minhas dúvidas. Tinha colegas que viviam tão intensamente, que estavam tão seguros de si no palco que pareciam ter nascido lá para habitá-lo. Eu não. Eu não tinha ideias, ao contrário, eu tinha dúvidas demais. Não sabia a partir do quê escolher um papel, como trabalhá-lo. Era preciso que o professor e os outros alunos me pegassem pela mão. Meus pais quiseram me apresentar no conservatório. No curso de Dullin, os professores não queriam. Mas, bom, passamos por cima disso. E fui aceita. Sobretudo por causa de *Electra*, a de Giraudoux. O diretor me disse que o examinador tinha gostado muito de minha presença, que me achava inteligente. Mas que era preciso que eu tomasse cuidado: eu estive discreta demais, muito retraída.

DANIEL: Discreta? E por que não tímida? Ela quer fazer teatro. Não acredito, estou sonhando.

HENRIQUE EMANUEL: Deixe-a falar. Não se deixe impressionar, Branca.

BRANCA: Aí está, é como eu sou. Ou melhor, eu era assim. Mas depois do teu ataque, Sara, tenho vontade de abandonar tudo. Em tudo que você disse, me parece que há coisas justas, que os cursos do Jean-Jacques talvez sejam excessivamente certinhos, que nós sejamos muito conformados. Mas você, você é tão rude, tão destruidora. Você pratica o mal pelo mal. Você me dá medo.

MIGUEL (*com o texto de Corneille na mão*): "Amar sempre, sofrer sempre, morrer sempre. Cada momento da vida é um passo em direção à morte". Corneille, novamente Corneille. Branca, ó minha Branca, fique conosco. Jogue fora os pensamentos sombrios em que Sara te mergulhou. Venha, vamos dançar. Eu te devolverei o gosto pelas pequenas manhãs perfumadas de ambrosia.

Ele a arrasta numa dança animada, durante a qual assobia ou murmura, de boca fechada, a melodia. Branca chega a se soltar. A dança termina desajeitadamente.

BRANCA (*confusa*): Você não é engraçado.

DANIEL (*depois de uma pausa*): Eles vão bem, os nossos pequenos do primeiro ano. Sensíveis, afiados. Agora, o Henrique Emanuel. (*Ele prolonga as sílabas intencionalmente.*) Mude o teu nome. Com ele você nunca sobreviverá em cartaz.

HENRIQUE EMANUEL: Posso falar, dá licença?

MIGUEL: Fale depressa, então. Eles estão exibindo *Dançando nas Nuvens*[2] na sessão da meia-noite. É o último filme com a dobradinha Kelly-Donen e com Cyd.

ANABELA: Cyd.

---

2 Comédia musical de 1955 (com título original *It's Always Weather*, indicado ao Oscar de melhor música e roteiro), dirigida por Stanley Donen e Gene Kelly e estrelando Gene Kelly, Dan Dailey, Cyd Charisse e Dolores Gray, dentre outros (N. da T.).

MIGUEL: Cyd Charisse, minha linda. Ela está me esperando. Todos os dias às treze horas temos um encontro.

HENRIQUE EMANUEL (*acendendo os fósforos*): Meu nome é Ninguém. Depois que saí da África para acompanhar meu pai na metrópole, não achei meu lugar em parte alguma. O céu, as ruas, a língua, tudo é cinzento em Paris. As pessoas não precisam de você. Não penso senão em reencontrar a África. Enquanto espero, hiberno no teatro. O exílio no teatro é mais agradável do que em qualquer outro lugar. Sonha-se acordado.

DANIEL: Nosso Baudelaire já terminou?

HENRIQUE EMANUEL: Quase. É importante para mim saber que Sara e Suzana estão na turma. Sua Argélia, cada uma tem a sua, mas não é a minha África. Venho de uma região muito mais abaixo e a leste do continente. Mas visto a partir daqui, elas e eu somos do mesmo país.

SARA: Diga isso a Suzana. Ela não quer mais se lembrar disso...

HENRIQUE EMANUEL: Você vai rir, Sara. Gosto muito quando você fala. Mesmo quando você morde. Eu me sinto menos perdido, me atrevo a ser eu mesmo. Não trapaceio mais, não dou bola para o galã que acham que eu serei. Não bajulo mais o comando, como o senhor Untel quando corteja a senhorita Untel na cena do francês[3]. Penso nos feiticeiros de minha infância na África ocidental, quando se reuniam à noite na praça da cidade, nas proximidades das grandes fogueiras que iluminavam seus rostos com brilhos dançantes e que os tornavam belos e excitados como os grandes macacos com cabeça de leão e patas de antílope.

ANABELA: Socorro! O guarda da segurança fechou mal a gaiola! Os animais selvagens fugiram das jaulas e chegaram no centro da cidade.

HENRIQUE EMANUEL: "Quanto menos inteligente for o branco, mais ele achará o negro idiota." André Gide. Você conhece?

ANABELA: Racista, eu?! Está me chamando de racista! Minha avó nasceu em Casablanca, se você quer saber!

DANIEL: Acalme-se, Anabela. Eis aí um jovenzinho que acha alguma coisa para colocar acima do teatro, digamos. Você deve estar muito feliz com isso, não é Sara? Disse que eu te responderia

---

[3] Provável referência ao filme *Père et fils* (1943), de Julien Duvivier, roteiro e direção de Marcel Achard (N. da T.).

no momento oportuno. Após três anos, você está semeando a desordem aqui. Com você, tudo vira política. Mas a política não nos interessa. Os nomes de Ben Bella, Lumumba, Ho Chi Minh, Che Guevara não têm que atravessar as paredes desta casa. Você nos caceteia, você me aborrece. O contrato estabelecido com a escola é simples. Estamos aqui para nos tornar atores, quer dizer, para sermos os apaixonados e os servidores da língua tal como a festejaram e a festejam ainda os nossos maiores escritores. Se formos dignos dela, a Comédie Française nos receberá e poderemos então consagrar-lhe nossa vida. Se você e todos os que te escutam não estão de acordo, podem ir embora. A escola não vai segurar vocês.

MIGUEL: A gente juraria estar ouvindo o diretor.

ANABELA (*a Daniel*): Você falou tudo o que precisava ser dito. Estava na hora.

CATARINA (*a Anabela e Daniel*): Por quem vocês se tomam, vocês dois?

SARA: Deixa para lá, Catarina.

CATARINA: E onde vocês vão buscar o seu direito de propriedade? Esta escola é uma escola do Estado. É um bem de todos. Ela não é exclusiva de um único teatro. Ou então seria preciso que esse teatro se abrisse para o mundo inteiro e aceitasse as nossas diferenças. Mas estamos longe desse resultado. A tradição, que nos persegue, morreu há muito tempo e nós morreremos com ela se não soubermos mantê-la viva, múltipla, híbrida, em perpétua transformação. Quanto às suas histórias de *emplois*, modelos, conveniências, da eternidade do sentido, de boas e más escolhas de réplicas, elas fazem de vocês pobres machos arruinados.

SARA: Sim, mortos-vivos, múmias, bons apenas para recitar rapidamente as frases. Vocês não têm corpo, nem atenção, nem escuta, sem passado e sem futuro e cegados pela luz, vocês batem com a cabeça na parede.

ANABELA: Daniel, temos que responder.

DANIEL: "Eu economizo meu desprezo porque há muita gente precisando dele."

MIGUEL: Chateaubriand! Agora ele vem com seu Chateaubriand. Branca, ó minha Branca, você não quer dançar mais?

JOÃO PAULO: Miguel, dá licença. Nestes dias estou passando as minhas noites num pequeno hotel na Estação do Norte.

CATARINA: O que isso tem a ver?

JOÃO PAULO: Você já vai entender. Sou guarda noturno.

MIGUEL: Cuidado! Isso significa bairro triste quando a noite chega.

JOÃO PAULO: Se sacrifico meu sono à noite, não é para escutar as suas tolices durante o dia. É inesperado para mim estar aqui. Eu não estava preparado para isso. Era mecânico em Béthune, esse era o meu destino. Para que eu chegasse até aqui, foi preciso que um tio – meu pai foi embora quando eu não tinha nem três anos de idade – acalmasse a minha mãe para me deixar vir a Paris com ele, para preparar o meu certificado de aptidão profissional. E eu encontrei uma moça que frequentava o conservatório do vigésimo bairro. Depois da oficina, era lá que a gente se reencontrava.

ANABELA: Primeira novela.

JOÃO PAULO: É uma história antiga, Anabela. Pode crer. Eu não sou um de vocês. Ainda não. Hoje em dia, não estou em condições de ter escrúpulos. Eu não discuto. Faço o que me dizem. Como sair disso, depois eu vejo. Sou o mais velho dentre vocês, no último ano da prorrogação. Que a guerra acabe na Argélia é tudo o que me interessa. Minha bolsa, mesmo que eu tenha direito ao máximo, não é suficiente. Resta-me então a graxa debaixo das unhas, eu sei, mas isso passará.

ANABELA: Todos os perfumes da Arábia...

JOÃO PAULO: Pode rir, Anabela. Um dia, eu interpretarei Alceste em francês. Um dia, trabalharei no cinema. Haverão de me reconhecer nas ruas e eu poderei enfim levar marrom glacê para minha mãe.

SARA: Onde você leu isso? Na *Cinémonde*?

JOÃO PAULO: Não é da tua conta, Sara. Você nos deixa trabalhar ou dá o fora?

5. A CHEGADA DO SOLDADO

Suzana entrou seguida por um soldado uniformizado.

SOLDADO: Bom dia, estou procurando Sara Salma.
SARA: Sou eu.
SOLDADO: O diretor quer lhe falar.

SARA: Quando?
SOLDADO: Agora.
SARA: Por que você, e não ele, é quem está me pedindo?
SOLDADO (*calmamente*): Ele lhe dirá.

Sara, depois de uma pausa de hesitação, sai.

MIGUEL: Quem é você?
SUZANA: Ele se chama Francisco. É amigo do Bernardo. Bernardo foi ferido em combate.
SOLDADO: Sim, no último dia quinze de abril. Em Tafsa, próximo de Tizi Ouzou, em Kabyle. Foi ferido pela explosão de uma granada, a alguns metros de seus colegas.

Escuro. Ouve-se talvez Se Você Vir Minha Mãe, *de Sydney Bechet. Não havia nada melhor para se ouvir às festas-surpresa, naqueles anos.*

Segunda Jornada
Segunda-feira, 2 de maio de 1960:

Fazendo Serão

1. UMA NOITE PARA FRANCISCO

Os alunos se trocam para interpretar os papéis na montagem a ser feita, alguns dispõem os bancos ao longo das paredes, com exceção de um único, deixado no meio da sala, liberando um piano de armário no fundo do palco. Alguém, sem dúvida, acabou de afinar a iluminação. Entram Miguel e João Paulo, que conduzem Francisco para perto do banco reservado para ele.

MIGUEL: Outro dia, quando você… Vamos nos tratar por você, é mais fácil.
JOÃO PAULO: A gente tratava o Bernardo por você.
FRANCISCO: Sem problemas.
MIGUEL: Outro dia, quando você nos deu a notícia, cada um se recolheu no seu lado mais íntimo. Não havia senão a escuridão, a tristeza, a necessidade de ficar só. Depois, pouco a pouco, a gente despertou. A vida continuava. Então, nos veio uma ideia. Fazer uma noitada de cinema.
JOÃO PAULO: Bernardo era louco por cinema. Ele passava a maior parte do seu tempo na cinemateca na rua do Ulm, ou como o Miguel, perto daqui no Midi-Minuit. Os clássicos franceses, os

filmes de estilo americano, os *westerns*, os filmes *noir*, as comédias musicais e depois, claro, os últimos filmes da *Nouvelle Vague*, ele devorava tudo. No seu último cartão-postal, ele se perguntava: "Como é possível ainda fazer teatro, quando se vê *Acossado*?"

MIGUEL: Stroheim, Murnau, Vigo, Wells, Ophuls, Lang, Lubitsch, Keaton, Chaplin, Dreyer, Guitry, Mizoguchi, Bergman, Ford, Hitchcock, Grémillon, Becker, Demy, Varda, Tati, Rouquier e tantos outros. É claro que não dá para guardar tudo. A gente partiu daquilo que ele também nos falava e, posteriormente, daquilo que pudemos reconstituir através dos meios de comunicação.

JOÃO PAULO: Isso não impede que ele não nos haveria de perdoar por não ter feito nada com *Aurora*, *Gertrud*, *Amores de Apache*, *Cidadão Kane*...

MIGUEL: ... e com *Lola*, não esqueça de *Lola*.

JOÃO PAULO: Acima de tudo, não queríamos ser tristes. É por isso que demos um grande destaque para as comédias musicais.

MIGUEL: Aqueles que eram seus amigos e os novos, que o conheciam pouco, ou nem um pouco, todos quiseram participar, até o Jean-Jacques. O Pascoal veio do Conservatório de Música. O Filipe para a iluminação, Agnes para os figurinos que vieram do teatro da Cidade Universitária, onde foram encontrados num espetáculo feito sem dinheiro que ele interpretou com uns amigos.

JOÃO PAULO: Não haverá nenhum professor. Nem mesmo o Goupil. Ele não conhecia o Bernardo. Somente a turma.

MIGUEL: No final, projetaremos o filme em super-8 que o Bernardo rodou antes de partir.

FRANCISCO: Ele não largava o seu filme. Carregava sempre na sua jaqueta.

MIGUEL: O Henrique Emanuel vai ler o texto que deveria acompanhar as imagens.

FRANCISCO: Pois é. O Bernardo esperava fazer uma trilha sonora assim que voltasse e quando tivesse dinheiro.

MIGUEL: É isso o que a gente tentou fazer seguindo as indicações encontradas no caderno de notas dele. O Henrique Emanuel gravou o texto e o Yam criou um acompanhamento musical.

JOÃO PAULO: Nós todos nos reencontramos. E esqueçamos, ao menos por esta noite, tudo o que nos separava.

MIGUEL: Esta noite é dedicada a ele. Mas para que houvesse teatro, era preciso pelo menos um espectador. E o espectador será você, Francisco.
JOÃO PAULO: Você está de uniforme, como ele na última vez em que o vimos.
FRANCISCO: E Sara... Ela vai estar aqui?
JOÃO PAULO: Ela não disse sim, nem disse não.
MIGUEL: Eu não me espantaria se ela acabasse por se juntar a nós.
JOÃO PAULO: Com ela, nunca se sabe. Vá para o teu lugar, Miguel. Vamos começar.

2. O ESPETÁCULO

Começa então a representação de trechos de filmes que Bernardo especialmente apreciava. Os alunos os escolheram, os adaptaram e agora os encadearam em um movimento contínuo e rápido. Os empréstimos das comédias musicais, em particular de Minelli e da dupla Donen-Kelly (com Cyd Charisse, Fred Astaire, Gene Kelly, Frank Sinatra etc.), dividem regularmente o espetáculo em entreatos cantados e dançados. Francisco, que é saudado pelos alunos quando passam perto dele, parece maravilhado e encantado.

Esta montagem de fragmentos de filmes, num cruzamento do cinema com o teatro, pode evidentemente ser modificada, senão em seu espírito e seus empréstimos cruciais, ao menos em sua duração e organização:

1. *Todos em Cena*, "as bengalas"
   Catarina (Fred Astaire), Viviane e Miguel no piano
2. *A Regra do Jogo*, cena falada, perseguição 1
   Suzana (Lisette), Miguel (Marceau)
3. *Cantando na Chuva*, "os violinos"
   Viviane (Donald O'Connor) e Catarina (Gene Kelly)
4. *Les Bonnes Femmes* (As Simplórias)
   a. no restaurante : Luísa (Marguerite), Miguel, Catarina, Henrique Emanuel (o pai) e Branca (a criada)
   b. a noite, cena falada : Suzana, João Paulo (Marcel), Jean--Jacques (Albert), Viviane e Miguel no piano

5. *Todos em Cena*, cena falada
   Anabela (Cyd Charisse), Daniel (Fred Astaire)
6. *Les Dames du bois de Boulogne* (As Damas do Bois de Boulogne)
   a. a ruptura, cena falada: Catarina (Hélene) e Miguel (Jean)
   b. a vingança, cena falada: Catarina (Hélene) e Miguel (Jean), Luísa (a mãe) e Viviane (Agnès)
7. *Cantando na Chuva*
   Suzana (Cyd Charisse), Miguel (Gene Kelly), João Paulo, Henrique Emanuel e Daniel (três gangsters)
8. *A Regra do Jogo*, cena falada
   Jean-Jacques (o marquês Robert) e João Paulo (Marceau)
9. *Adieu Philippine* (Adeus Filipina), cena falada
   Luísa (Liliane) e Branca (Juliette)
10. *A Regra do Jogo*, cena falada, perseguição II
    Suzana (Lisette), João Paulo (Schumacher), Jean-Jacques (o marquês) e Miguel (Marceau)
11. *Les Enfants terribles* (As Crianças Terríveis), cena falada
    Viviane (Elisabeth) Henrique Emanuel (Paul) e Miguel (Gérard)
12. *Cantando na Chuva*
    João Paulo e Catarina (Gene Kelly e Don Lockwood)
13. *Juventude Transviada*, cena falada
    Jean-Jacques (o pai) e Henrique Emanuel (Jim)
14. A *Regra do Jogo*, perseguição III
    Suzana (Lisette), Miguel (Marceau), Jean-Jacques (o marquês) e João Paulo (Schumacher)
15. *As Damas do Bois de Boulogne*, o casamento
    Catarina (Hélène), Viviane (Agnès), Miguel (Jean), Luísa (a mãe) e Jean-Jacques, Henrique Emanuel, Anabela, Daniel (quatro convidados)
16. *Acossado*
    a. no apartamento: João Paulo (Jean-Paul Belmondo), Branca (Jean Seberg)
    b. o final: os mesmos e mais Henrique Emanuel (o comissário)
17. *Cantando na Chuva* (*play-back*)
    Luísa (Lina Lamont) e Catarina (Kathy Selden)
    Henrique Emanuel e João Paulo abrem a cortina
18. *Cantando na Chuva*
    a. no carro: Branca (Kathy Selden), Miguel (Don Lockwood)

e João Paulo (um policial)
b. o balé cor-de-rosa: Catarina, Luísa, Viviane, Suzana, Branca, Anabela, Miguel e Jean-Jacques.

3. A APARIÇÃO DE SARA

Enquanto as moças e mesmo alguns rapazes, como Jean-Jacques, todos vestidos com trajes de balé cor-de-rosa, lançaram-se a um animado balé, tirado de Cantando na Chuva, *Sara entrou. Calmamente, ela substitui o disco do filme de Donen e Kelly por um álbum de Coltrane. Depois, retira lentamente sua capa de chuva e aparece em suas vestes de dançarina de boate (colante preto e salto agulha), da mesma forma que Lola no filme de Jacques Demy, aquele que, dentre todos os filmes, Bernardo preferia. Ela começa uma dança extremamente felina e provocante que a conduz em direção aos joelhos de Francisco. Este, desconcertado por um momento, levanta-se e enxota Sara grosseiramente. Ela deixa o teatro com um sorriso enigmático, pegando no caminho sua capa de chuva.*

Os alunos não reagiram. Em seus figurinos que representam bailarinas de outrora, parecem petrificados pela iniciativa de Sara. Pouco a pouco, no entanto, alguns circundam Francisco, Jean-Jacques interrompe Coltrane, outros suspendem um lençol no palco figurando uma tela. As luzes se apagam. Escuta-se o ruído constante de um velho projetor. As primeiras imagens do filme de Bernardo surgem, no momento em que Henrique Emanuel começa a ler as páginas do caderno de notas encontrado por Francisco na jaqueta de Bernardo junto com a bobina do filme.

4. O FILME DE BERNARDO

VOZ *OFF*. Num filme que se passa na África, trata-se, acho, de *Salaire de la peur* (O Salário do Medo), uma mulher que lá se encontra, também de origem francesa, pergunta a Yves Montand por que ele guarda debaixo de sua cama um bilhete de metrô. "É tudo o que me resta de Paris", responde Montand. Este filme será o meu bilhete de metrô. De suas imagens surgirão, cada vez que eu assim o desejar, as lembranças de minha vida antiga. Não pretendo nada além disso. Estas imagens, eu as captei com a câmera super-8 que meu irmão mais velho me emprestou. Elas se impuseram a mim, e o filme foi feito, por assim dizer, totalmente sozinho, em menos de uma semana, exatamente antes de minha partida para o 10º Regimento de Infantaria da Marinha de Pontoise, no quartel onde recebi meu treinamento militar. Há poucas fisionomias, especialmente daqueles que amo. Elas poderiam me comover. No lugar de onde estamos partindo, não pode haver espaço para as lágrimas. Tenho que aprender o gosto do simples e da elipse. Meu filme, então, não mostrará senão a cidade grande, nos lugares onde ela dorme ou finge dormir, nas esquinas, nas passagens cobertas, nas escadas, nas entradas do metrô, num banco de parque, num bulevar de parque...

Por que parto? Para tomar parte na guerra? Para me engajar na questão argelina? Não, honestamente, não. Em todo caso, ainda não. A Argélia, por enquanto, realmente não me diz respeito. Eu não estava mesmo em dia com minha situação militar. Tinha esquecido de me alistar, e tive direito de entrar para os soldados da infantaria da marinha, que me diziam o tempo todo serem os mais expostos. Eu não sei nada, ou quase nada da guerra. Aliás, aqui na metrópole, não se fala de guerra, fala-se de pacificação. Evidentemente, existe aquilo que a imprensa escrita denuncia, o que o jornal televisivo mostra, ou às vezes, tudo é mostrado de forma muito mais cruel, como no *Cinco Colunas na Primeira Página*[1]. Há os livros que Sara quis que eu lesse e que revelam tudo aquilo que o governo queria manter oculto, as revistas feitas nos corpos, as investigações, a tortura, as execuções sumárias. Mas somente lá na Argélia é que eu teria condições de saber. Se não me permitirem trabalhar para o retorno da paz, de qualquer maneira vou trabalhar para isso. Mas, atualmente,

---

1 Criado por Pierre Lazareff em meados de 1959 na França, trata-se do primeiro programa de reportagens documentais de caráter investigativo da televisão. Apresentado pelo trio Pierre Desgraupes, Pierre Dumayet e Igor Barrète, o programa acabou logo após os acontecimentos ocorridos na França em maio de 1968 (N. da T.).

eu não seria honesto se dissesse que a Argélia me chama. Quando me interrogam sobre minhas atividades, sobre meus estudos, respondo: "Eu sou ator". Mas o que é que isso quer dizer? Eu não atuo, ou faço isso tão pouco. O teatro para o qual pretendem me preparar continua sendo estranho para mim. Frequentemente ele até me repugna. Indiferente e covarde, eis no que estou prestes a me tornar. Dia após dia eu me acomodo com o fato de não ter mais domínio sobre minha vida. Eu comecei um romance, *Poquelinades* (Poquelinadas), fazendo referência a Poquelin, o nome de Molière. Eu queria que fosse meu romance de aprendizado, que fosse uma resposta a *A Educação Sentimental* de Flaubert, ao *Wilhelm Meister* de Goethe. Mas desisti depois de algumas páginas. Ler o que escrevi estava acima de minhas forças. Eu teria gostado de trabalhar no cinema. Não na frente, mas sim por trás da câmera. Mas a quem me dirigir? Me preparar para o concurso do IDHEC (Instituto de Altos Estudos Cinematográficos)? É muito tarde. Eu teria adorado encontrar com Blain, Serreau, Planchon ou evidentemente Vilar. Quais motivos teriam eles para se interessar por mim? Não, decididamente partir é a única maneira que me resta de não me tornar um morto-vivo. Azar meu se é como soldado que tento fugir. Azar meu se é uma guerra que me oferece a minha última chance de acordar. Quando me viu de uniforme, Miguel me disse: "Você conhece a frase de Stalin: Um morto é um drama humano, milhares de mortos são a estatística? Bernardo, não se torne um número a mais, longe e atrás da vírgula". Miguel sempre gostou de fazer graça.

Sara tinha me dito, desde nosso primeiro dia, que se eu aceitasse fazer meu serviço militar na Argélia, ela me abandonaria. É por isso que esperei até o início do meu terceiro ano. Eu não queria perder Sara. Mas hoje tenho certeza de que, mesmo que eu parta, nós nos reencontraremos. Porque tudo que haverei de ter feito na Argélia será por ela, será em favor deles que eu o terei feito. Ela não poderá deixar de compreender. Esperarei o tempo que for preciso. Deixá-la agora é estar seguro de reencontrá-la na minha volta. Nós estaremos mais fortes amanhã por ter superado aquilo que hoje nos separa. Eu terei me tornado outro homem, ainda impaciente para viver e agir, e juntos esqueceremos o antigo adolescente amorfo que eu estava prestes a me tornar.

Eu vivo essa esperança dentro do meu filme. Aqui, neste portal.

A última imagem do filme, a última frase de Bernardo marcam o final da segunda jornada. Entreato.

Terceira Jornada
Quinta-feira, 12 de maio de 1960:

Encontros

1. O PROJETO DAS TRÊS IRMÃS

Branca chega correndo.

BRANCA: Viviane não está?
LUÍSA: Aparentemente, não.
BRANCA: Você está esperando por ela?
LUÍSA: Sim. Você também?
BRANCA: Sim. Você sabe o que ela quer de nós?
LUÍSA: Não.
BRANCA: Eu também não. Vamos esperar. (*Desdobra um velho número da revista* Cinémonde *com Bardot na capa. Enquanto conversa, ela se divertirá fazendo poses de jovem atriz diante de um eventual fotógrafo.*) E Sara, você sabe o que aconteceu com ela?
LUÍSA: Ela foi embora para descansar alguns dias na casa de sua família em Marselha. Mas de acordo com Suzana, ela vai voltar.
BRANCA: Ela vai participar do concurso?
LUÍSA: Ninguém sabe.
BRANCA: Ela deveria pegar um ano sabático.
LUÍSA: Um ano o quê?

BRANCA: Sabático. Não sei se a palavra é adequada. Ela vem, acho, de sábado, que segundo meu pai quer dizer descanso em hebraico. Meu pai a usa quando um de seus colegas, ou ele mesmo, recebem da universidade uma folga ou uma permanência temporária no exterior.
LUÍSA: Levando em conta o que aconteceu com ela, você acha que a direção iria concordar sem nenhum problema em dar a Sara um ano de descanso... como você disse, mesmo?
BRANCA: Sabático. Eu ficaria espantada se ela pedisse.
LUÍSA: Eu também. (*Pausa.*) O que é que ela está fazendo, a Viviane? Viviane... Você gosta desse nome?
BRANCA: Eu me pergunto muito onde os pais dela foram buscar esse nome.

Elas se divertem ao pronunciar o nome de Viviane de diferentes maneiras.

LUÍSA: Foi bom na outra noite, apesar do que aconteceu.
BRANCA: Está pensando em Sara?
LUÍSA: Difícil deixar de pensar nela.
BRANCA: Dá pra gente compreendê-la.
LUÍSA: Sim, claro. Mas apesar disso, foi muito engraçado. E o filme do Bernardo me deixou apaixonada por ele. Que pena não tê-lo conhecido.
BRANCA: Está certo, vovozinha!
LUÍSA: Você não deveria brincar com isso. Acho que depois daquela noite, nada mais vai ser igual, acho que todos nós haveremos de nos tornar amigos...
BRANCA (*irônica*): Você achou que a gente vai abrir as portas e as janelas, vai partir em busca do mundo, fazer teatro para os outros, para aqueles que não vão ao teatro e não apenas para nós e para os colaboradores regulares vestidos das quartas-feiras?
LUÍSA: É verdade.

Pausa.

BRANCA: Você mostra bem que é da tua cidade, é bem de Clochet.
LUÍSA: Você é estúpida. A propósito, o que significam os colaboradores regulares vestidos das quartas-feiras?

BRANCA: São os primeiros que assistem no Richelieu, e o dia cai sempre numa quarta-feira. Nesse dia, os espectadores não são aceitos senão através de convite e em traje de noite.
LUÍSA: Mas eu não tenho traje de noite.
BRANCA: Então, que droga, minha vovozinha.
LUÍSA: De qualquer modo, nós, os alunos, eles nos colocam sempre no terceiro balcão. Vai daí que, "vestidos" ou não…
BRANCA: Mesmo no terceiro balcão, nessas quartas-feiras a gente tem que se vestir bem.

Pausa.

LUÍSA: O que ela está fazendo, a Viviane?
BRANCA: Falando sério, você acha que alguma coisa mudou aqui, depois da morte do Bernardo?
LUÍSA: Para mim, sim. Agora eu sinto que sei distinguir melhor o que conta e o que não conta.
BRANCA: Mas e os outros, você acha que eles estão transformados?
LUÍSA: Alguns, sim.
BRANCA: Mas e a classe em geral?
LUÍSA: Aqui, todo mundo está mais ou menos representando. Não se pode saber o que realmente acontece nas suas cabeças e nos corações.
BRANCA: É isso que você pensa?
LUÍSA: É o que eu acredito…

Henrique Emanuel entra.

HENRIQUE EMANUEL: Vocês também estão esperando a Viviane?
BRANCA E LUÍSA: Sim.
HENRIQUE EMANUEL: Vocês sabem o que ela quer?
BRANCA E LUÍSA: Não.
HENRIQUE EMANUEL: Então, vamos esperar.
BRANCA E LUÍSA: Isso, vamos esperar.
HENRIQUE EMANUEL: Vocês estão fazendo de propósito?
BRANCA E LUÍSA: O quê?
HENRIQUE EMANUEL: Responder juntas.
BRANCA E LUÍSA: Não.
HENRIQUE EMANUEL: Vocês acham que sou estúpido?

BRANCA E LUÍSA: Não, é que nós somos filipinas.
HENRIQUE EMANUEL: Filipinas?
BRANCA E LUÍSA: Sim. É o nome que se dá quando se acha duas amêndoas na mesma casca.
BRANCA: Verdade, Luísa?
LUÍSA: Verdade, Branca.
BRANCA: Cruz de madeira...
LUÍSA: Cruz de ferro...
BRANCA E LUÍSA: ...se estou mentindo, que eu vá para o inferno.
HENRIQUE EMANUEL: Vocês estão com a morte de Bernardo na cabeça?
BRANCA (*novamente séria*): Talvez. Ela não provocou nada em você?
HENRIQUE EMANUEL: Na África, a gente não tem a mesma relação com a morte.
LUÍSA: No que é que você está pensando?
HENRIQUE EMANUEL: "No que é que você está pensando?" Essa é uma boa pergunta de mulher.
BRANCA: Tudo bem!
LUÍSA: Sim, tudo bem!
HENRIQUE EMANUEL: Na África, a alma do morto não desaparece com ele. Ela vai habitar outro corpo. Um animal ou um objeto podem recebê-la, não apenas o corpo de um ser humano. Neste momento, por exemplo, a alma de Bernardo poderia muito bem estar habitando a cortina do palco.
BRANCA: Por que não o gato do zelador? Se você quer nos impressionar, está reprovado.
LUÍSA: Espere, Branca. (*Fala para Henrique Emanuel.*) A cortina do palco?
HENRIQUE EMANUEL: Perfeitamente. A cortina do palco. Bernardo, você está aqui? Bernardo? Bernardo!
BRANCA (*com uma voz fúnebre*): "Sim, eu estou aqui".
HENRIQUE EMANUEL: Isso é maldoso. Bernardo. Bernardo. Bernardo. (*Ele toca a cortina.*) A alma de Bernardo está viajando. Talvez esteja aqui, neste momento, nas pregas desta cortina que nos escuta. É uma ideia que me acalma, que me alivia. Aliás, não é uma ideia, é uma sensação.
BRANCA: Nuance.
LUÍSA: Você é realmente especial como ator-aprendiz.

HENRIQUE EMANUEL: Se você quer dizer que não tenho o perfil dos *papabili* do terceiro ano, você tem razão.
BRANCA: Dos *papabili*?
HENRIQUE EMANUEL: Os *papabili*, minha pequena, são os cardeais candidatos a papa.
BRANCA: Entre os *papabili* e você, há grande distância.
LUÍSA: Seria invejoso o nosso pequeno monge?
HENRIQUE EMANUEL: Somente de você, minha coisa fofa.
LUÍSA: "Minha coisa fofa?" Eu me chamo Luísa.
HENRIQUE EMANUEL: Justamente. Luísa, nos meus braços você se torna uma coisa fofa.

Rindo, ela tenta escapar dele.

LUÍSA: Se você me agarrar, vou chamar os seguranças.
BRANCA: Deixe-a!
LUÍSA: Meta-se com suas coisas, Branca!
BRANCA: Se é assim, deixo vocês dois à vontade.
HENRIQUE EMANUEL: Esse não é o problema, minha criança.

Henrique Emanuel deixa Luísa e se atira sobre Branca.

BRANCA (*rindo*): Luísa! Socorro!
LUÍSA: Eu nunca presto atenção nas coisas dos outros.
BRANCA (*atordoada por Henrique Emanuel*): O que é que ele tem hoje? E Viviane que não chega.

Luísa acaba intervindo. Ela ajuda Branca a se libertar.

HENRIQUE EMANUEL (*arrumando-se*): A propósito *dos papabili*, vocês viram o uso que os nossos colegas fizeram da morte do Bernardo? A noitada prometia alguma esperança. Não era a noite de 4 de agosto. Bom. O mínimo que a gente pode dizer é que depois eles se recuperaram. "Nos tornamos novamente sérios. Não mexamos em nada. Não se mexe numa equipe que está ganhando."
BRANCA: Você se lembra do que eu estava falando, Luísa? Henrique Emanuel tem razão. Não há nenhuma mudança.
LUÍSA: Eu não estou convencida disso.

Chegada de Viviane.

TODOS: Ah! Enfim!
VIVIANE: Faz tempo que vocês estão me esperando?
BRANCA: Apesar de tudo, sim.
VIVIANE: Eu me atrasei na administração, sempre essas histórias de dinheiro. Depois que meus pais se separaram, eles não querem mais pagar os meus estudos em Paris. E a administração não quer saber de nada: "Seu pai tem meios de pagar, então que pague". Eu não estou na merda.
HENRIQUE EMANUEL: E a tua audição?
VIVIANE: Eles contrataram o Miguel.
LUÍSA: E você não?
VIVIANE: Não, eu não. Estou contente por ele. Não tenho nenhum arrependimento. O papel não era para mim e a peça não me atrai.
BRANCA: A gente a conhece?
VIVIANE (*depois de um instante de hesitação*): *Les Croulants se portent bien* (Os Velhos Estão Curados) de Roger Ferdinand.
HENRIQUE EMANUEL: O diretor?!
VIVIANE: Sim. Imaginem a crise de risos se eu tivesse dito isso para toda classe.
HENRIQUE EMANUEL (*imitando a voz trêmula do diretor de então*): Eu não tenho sessenta anos, tenho no máximo três vezes vinte anos!

Eles riem com prazer. Pausa.

LUÍSA: É pena. A turnê poderia resolver o teu problema.
VIVIANE: Ela estava prevista para o próximo outono. Teria comprometido meu terceiro ano. E com a grana, eu iria ver meu pai. Sei como tirar dinheiro dele. É preciso apenas que eu o veja sem a Myriam.
BRANCA: Myriam?
VIVIANE: Sim, sua nova namorada. Francamente, é melhor assim. E além disso, estou tendo uma ideia. Tenho um projeto para nós.
HENRIQUE EMANUEL: Conte!
VIVIANE: Ei-lo. Não sei se vocês repararam. Depois da Páscoa, não há projetos senão para os alunos do terceiro ano. Nós,

exceto quando nos pedem uma réplica aqui ou acolá, ficamos abandonados. Então, eu disse a mim mesma: Por que não nos lançarmos numa grande empreitada, todos os quatro, que aconteceria neste final de ano e no ano que vem? Pensei em *As Três Irmãs* de Tchékhov.

LUÍSA (*pausa, depois de ter lido superficialmente o texto*): Mas é uma tradução. O Jean-Jacques não vai querer.

VIVIANE: O problema não é o Jean-Jacques. De qualquer modo, ele assumiu a responsabilidade do concurso. O Goupil vai aceitar. Ele mesmo me disse que um dos seus arrependimentos era não ter nunca encenado Tchékhov. E depois, vamos trabalhar em conjunto, a gente é capaz disso, não?

LUÍSA: Talvez seja um pouco cedo.

BRANCA: Como você imagina que as coisas podem acontecer?

VIVIANE: Cada um de nós trabalha um personagem em continuidade. Isso significa uma mudança para nós, para que não fiquemos fazendo ininterruptamente as sempiternas cenas feitas sob medida.

BRANCA: E, pelo menos uma vez, vamos ler a peça por inteiro.

VIVIANE: Depois, com nossas cenas, a gente fará uma montagem de ponta a ponta, se vocês preferirem, e quem sabe, poderíamos talvez representá-la aqui, aos poucos, junto com a classe.

LUÍSA: Uma montagem aqui, diante dos alunos e dos professores? Por que não a peça inteira se você tem todo mundo aqui?

VIVIANE: Vamos começar pelo percurso de cada uma das três irmãs.

HENRIQUE EMANUEL: Das três irmãs? Você quer que eu represente uma irmã?

VIVIANE: Não, ainda que... Não, você vai interpretar o André Serguéevitch Prosorov, irmão delas. A Branca será Macha – a filha do meio, já casada e que se apaixona por um oficial em serviço militar – e a Luísa será Irina – a caçula...

LUÍSA: Ela está apaixonada?

VIVIANE: Não, está noiva. Esse é o problema dela, você vai ver...

HENRIQUE EMANUEL: E você, quem você vai interpretar?

VIVIANE: Olga, a mais velha, a professora solteira.

BRANCA: E para os outros personagens?

HENRIQUE EMANUEL: Pois é. Tenho a impressão de que há muitos.

VIVIANE: A gente avisa aos poucos. Suzana, por exemplo, poderá trabalhar o personagem de Natália, tua mulher, Henrique

Emanuel. E o Miguel, se a turnê permitir, será o Verchinine, teu amante, Branca. A gente vai vendo. O importante é começar com as cenas que interessam a nós quatro.

LUÍSA: Vamos começar imediatamente.

VIVIANE: Peguei os textos que encontrei na biblioteca. Mas nunca é a mesma edição. E com edição diferente, tradução diferente.

HENRIQUE EMANUEL: Nenhum problema. A gente mistura as traduções.

Suzana entrou com Francisco.

SUZANA: Olá.
HENRIQUE EMANUEL: Olá. Bom dia, Francisco.
VIVIANE, BRANCA E LUÍSA: Bom dia, Francisco.
FRANCISCO: Bom dia.
HENRIQUE EMANUEL: Você chegou na hora, Suzana. A gente teve a ideia de um papel para você. E até para o Francisco, se ele quiser.

2. A INICIATIVA DE SUZANA

SUZANA: Vocês podem nos deixar a sós?
BRANCA: É grave?
SUZANA: Digamos que é importante.
VIVIANE: É preciso realmente que seja aqui?
SUZANA: Não pode ser senão aqui.
VIVIANE: Bom, a gente passa para vocês nosso turno da sala, mas isso só porque é para vocês. Vamos ao Gavroche? Quem me paga um café?
BRANCA: A gente vai dividir.
LUÍSA: O senhor ainda tem tempo sobrando na sua licença, senhor Francisco?
FRANCISCO: No Val-de-Grâce, eles me prolongaram a licença por um mês. Eu poderei talvez até mesmo acompanhar o concurso de vocês.
VIVIANE: "Nosso" concurso! São tão poucos os nossos.
LUÍSA: Então, a gente vai se ver por aí.

FRANCISCO: Seguramente.
TODOS: Até logo, Francisco. Tchau, Suzana.

Viviane, Henrique Emanuel, Branca e Luísa saem. Luísa retorna. Propositalmente sem dúvida, ela esqueceu seus cadernos. De forma desajeitada, bate o joelho contra um banco.

LUÍSA: Ai! (*Para Francisco.*) Me desculpe. (*Suzana lhe entrega os cadernos.*) Obrigada. Até logo, Francisco.

Luísa sai mancando. Suzana e Francisco ficam um instante em silêncio.

FRANCISCO: Não foi fácil sair do Val-de-Grâce. Na segunda-feira no final da manhã, o comandante fiscalizou a visita com seus internos. Esperamos de pijama, ao pé da cama, em posição de semiguarda. Cobaias. Animais de laboratório. À disposição. À sua mercê.

SUZANA: O senhor tem uma aparência tão forte, tão serena. Difícil acreditar que o senhor esteve no hospital...
FRANCISCO (*ele se contenta em sorrir*): Você não me trata mais por "você"?
SUZANA: A outra noite foi especial.
FRANCISCO: Por que este encontro? E aqui?
SUZANA: Sara não vai bem.
FRANCISCO: Me conte.
SUZANA: Ela não aceita a morte de Bernardo.
FRANCISCO: Ela esconde isso muito bem.
SUZANA: Não podia ter acontecido nada pior. E o diretor foi tão rude, tão desastrado, na forma de anunciar a morte a ela. Eles estavam separados, mas isso não é razão.
FRANCISCO: Separados? (*Pausa.*) Eles estavam separados?
SUZANA: Ele não disse ao senhor?
FRANCISCO: Não, absolutamente não. Ele muitas vezes falava dela, sem nunca se estender. Ela era o futuro dele. Ele esperava por ela. É isso que eu tinha entendido.
SUZANA: Na verdade, ela o tinha largado. Não o perdoava por ter cancelado a sua baixa. Ela teria preferido que ele fosse um

pacificador, ou mesmo um desertor. Teria desejado que ele tomasse partido pela FLN (Frente de Libertação Nacional). Depois que ela leu os testemunhos do general La Bollardière e *La Question* (A Questão), de Henri Alleg[1], não conseguia mais suportar os fracos, aqueles que esperam que os problemas se resolvam sem a ajuda deles e que fecham os olhos diante do inaceitável, como ela diz.

FRANCISCO (*após um silêncio*): Ela é argelina.

SUZANA: Sim.

FRANCISCO: A senhorita também.

SUZANA: Eu sou judia francesa, originária da Argélia. Meus pais deixaram a cidade de Constantina em 1957, apenas três anos depois do início dos acontecimentos da 54ª Toussaint.

FRANCISCO: Os acontecimentos...

SUZANA: É como as pessoas dizem na cidade grande. Sara é árabe. Mas nasceu na França. Seus pais são árabes e muçulmanos. O pai dela estava na 2ª Divisão Blindada de Leclerc. No final da guerra, ele se instalou como restaurador em Marselha e trouxe sua esposa. Sara não tem as mesmas ideias que seus pais. A religião, a condição das mulheres, o futuro da Argélia, muitas coisas os separam. (*Silêncio.*) É engraçado. Sara jamais esteve na Argélia. Quando parti de lá, eu já tinha dezessete anos. De nós duas, eu é que conheço a Argélia, e Sara sonha com ela. Eu vim de lá, ela quer ir para lá.

FRANCISCO: A senhorita não quer?

SUZANA: Quando meus pais descobriram um cantinho do seu sudeste argelino no jornal televisivo, ficaram com lágrimas nos olhos. Eu, não. Hoje, tudo me parece difícil demais na Argélia. E depois, gosto muito de Paris. Não existe outro lugar a não ser Paris para se tornar atriz. Algumas vezes lembro do mar, do céu de Constantina, do chamamento de um *almuadem*... Isso passa.

Silêncio.

FRANCISCO (*tira um telegrama de seu bolso.*) "Espero o senhor no conservatório, na quinta-feira dia 12 de maio. Seis horas. Sala

---

[1] Henri Alleg (Henri Salem) é um jornalista franco-argelino que escreveu suas memórias em *La Question* (1958), ganhando notoriedade por sua luta contra a tortura (N. da T.).

Louis-Jouvet. É importante. Suzana." O que a senhorita quer de mim?

SUZANA: Sara voltou ontem à noite de Marselha. Está retomando a preparação do concurso. Temos um encontro aqui para trabalhar a *Electra*. É uma peça do austríaco Hofmannsthal, que nome bárbaro! Sara adora fuçar na biblioteca. (*Pausa*.) O senhor tem que falar com ela.

FRANCISCO: Não tenho nada para dizer a ela.

SUZANA: O senhor não pode ficar indiferente ao que aconteceu na outra noite.

FRANCISCO (*pausa*): Não tenho nenhuma vontade de revê-la.

SUZANA: Tente compreender. Ela não se perdoa pela morte do Bernardo. E também não o perdoa. Ela ainda esperava a volta dele. Eles se reencontrariam depois da guerra. Essa guerra vai realmente acabar algum dia.

FRANCISCO: Essa guerra nunca vai acabar.

Silêncio.

SUZANA: Ela viu no senhor um soldado, como aquele em que Bernardo se tornou aos seus olhos, o inimigo do seu país, o inimigo de uma Argélia independente e livre.

FRANCISCO: Ela está enganada.

SUZANA: O senhor anunciou-lhe que ele não voltaria mais. Que ele morreu achando que ela era sua inimiga. Como ela poderia perdoá-lo?

FRANCISCO: Ela está enganada. Ainda nesse caso, ela está enganada. A senhorita viu o filme do Bernardo.

SUZANA: Sim. Mas ela, não. O senhor, que estava lá com ele, não conseguiu protegê-lo dessa morte inaceitável. É isso que ela pensa.

FRANCISCO: Eu deveria morrer no lugar do Bernardo?

SUZANA: Talvez. Ela reviu *Lola*, o filme de que Bernardo tanto gostava. Inspirou-se no personagem interpretado por Anouk Aimée, tomou-lhe emprestadas as roupas de treinadora e veio provocar o senhor.

FRANCISCO: Provocar o Bernardo, não a mim. É com ele que ela queria acabar.

SUZANA: Com ela também.

Silêncio.

FRANCISCO: Não tenho mais nada a fazer aqui.

Ele coloca seu quepe e abre a porta. Sara está lá. Ele recua.

SUZANA: Tarde demais, Francisco.
SARA (*após uma pausa, diz a Suzana*): Você não achou um Orestes?
SUZANA: Sara, me ouça.
SARA: Não era preciso. A cena com Crisótemis basta. Circule, soldado. Aqui não tem nada para você. A gente retoma a partir de sua chegada, Suzana, quando Crisótemis...
SUZANA: Agora não, Sara.

Sara pega Suzana pelo braço e a puxa para o palco.

SARA (*em Electra*).
O que você quer, minha irmã? Vamos, fale, explique-se.
Por que você levanta as mãos?
É assim que nosso pai as levantava
Quando o machado abateu-o em sua cadeira.
O que quer você, filha de minha mãe?
SUZANA (*como Crisótemis*).
Ela está arquitetando um plano infame.

Catarina entra, seguida por Miguel.

CATARINA: Oh! Desculpe. A gente volta mais tarde.
SARA (*amável*): Entrem os dois. Vocês não são demais aqui.
CATARINA: Bom dia, Francisco.
MIGUEL: Meu capitão.
FRANCISCO: Bom dia.
MIGUEL: Estamos contente em vê-los. Paris está te dando uma folga, não é?
FRANCISCO: Meu caso está despertando o interesse da medicina militar.
MIGUEL: Então você continua no Val-de-Grâce? Vamos achar um tempinho para tomar alguma coisa?
CATARINA: Na Rhumerie, seria bom.

FRANCISCO: Na Rhumerie? Então é preciso me dar o endereço.
MIGUEL: Na esquina do bulevar Saint-Germain com a rua Buci. Todo mundo conhece.
CATARINA: Você voltou, Sara?
SARA: Veja você...
CATARINA (*após uma pausa*): Vamos deixá-los, com certeza vamos achar outra sala. Miguel aceitou substituir Daniel como Lucidor.
MIGUEL: Sim, claro.
CATARINA: E não vamos mais trabalhar com o Jean-Jacques.
MIGUEL: Não vamos mais.
SUZANA: Eu vou com vocês.
SARA: Você fica. Temos trabalho.
SUZANA: Até à noite, Sara.
FRANCISCO: Fique, Suzana, eu te peço.
SUZANA: Não. Vocês dois têm que conversar. Meu personagem está terminado. Até mais tarde, Francisco...
MIGUEL: Então, um dia destes na Rhumerie?

Suzana, Catarina e Miguel saem.

3. SARA E FRANCISCO

FRANCISCO: Eu não queria mais revê-la, Sara. Estou tão surpreso quanto a senhorita. Mas, uma vez que estamos aqui, a senhorita vai me ouvir.
SARA: Neste trecho da peça o personagem de Electra não tem um monólogo, eu o cumprimento, soldado.
FRANCISCO: Tenho algo a lhe dizer.
SARA: Para mim, não.
FRANCISCO: Estou certo que sim.
SARA: O senhor vai se atrasar, soldado.
FRANCISCO: Eles prorrogaram minha licença no Val-de-Grâce.
SARA: O senhor renunciou ao turno das refeições dos oficiais do exército?
FRANCISCO: Nunca fui convidado.
SARA: O erro será reparado, no final da sua licença...
FRANCISCO: Não creio.

SARA: O senhor não voltará para lá?
FRANCISCO: Isso não depende de mim.
SARA: Quantos meses faltam para o senhor ?
FRANCISCO: Oito.
SARA: Para Bernardo faltavam mais.
FRANCISCO: Eu já tinha seis meses de permanência no norte da África, quando Bernardo se juntou a nós.
SARA (*após uma pausa*): O senhor gostaria de não voltar mais para lá?
FRANCISCO: Se isso dependesse de minhas forças, sim.
SARA: O senhor preferiria participar das ações do exército secreto na metrópole.
FRANCISCO: Não estou entendendo o que quer dizer.
SARA: Não? E a violência cometida pelos europeus contra os magrebinos, a tortura com choques elétricos, a tortura por asfixia na banheira, a execução sumária de presos fora das instalações militares, o senhor não está entendendo o que quero dizer?
FRANCISCO: Estou entendendo, mas nunca tomei parte nisso.
SARA: É possível ser soldado francês na Argélia e não ser torturador?
FRANCISCO: Sim. Pode-se recusar, é possível até lutar contra o comando.
SARA: Sem desertar, sem passar para o lado inimigo?
FRANCISCO: Sim. É por isso que estou lá.
SARA: O senhor está mentindo.
FRANCISCO (*tranquilamente*): Será que estou?

Ele abre sua camisa e revela, abaixo do mamilo esquerdo, uma cicatriz ainda muito aparente.

SARA (*após uma pausa*): O senhor teve mais sorte que Bernardo, é tudo.
FRANCISCO: Foram os integrantes da FLN que atiraram no Bernardo. Não atiraram em mim. Esta ferida é a minha ferida. Eles me repatriaram para o Val-de-Grâce para me tirar do pelotão. Motivo antecipado: depressão.
SARA: O senhor não estava perto do Bernardo quando ele morreu?
FRANCISCO: Eu não estou aqui para falar de mim. Bernardo partiu para o combate algum tempo depois do meu gesto, segura-

mente sem aprová-lo. Estava bravo comigo, estava enraivecido contra ele mesmo, contra todos. (*Sara, muda, cala-se.*) Bernardo nunca aceitou participar de um interrogatório ou de qualquer outra forma de tortura, de violência cometida contra os magrebinos, de qualquer execução sumária de presos que seja. Ele não queria. E o seu capitão não lhe perguntava por quê. Ele nunca teve que recusar uma ordem, como eu. Mas de qualquer maneira, desde o momento em que ele acabou de fazer a travessia de barco, quando mostraram aos alistados do serviço militar as fotos das mulheres, das crianças degoladas, dos militares, dos testículos enfiados na boca pelos militares da guerra da Argélia, o Bernardo já disse que não estava lá para se vingar, que preferia se suicidar.

Entram Anabela e Daniel.

ANABELA: Bom dia.
DANIEL: Bom dia.
FRANCISCO: Bom dia.
ANABELA: De volta, Sara?

Sara não responde.

DANIEL: Venha. Acho que estamos atrapalhando, Anabela.
ANABELA: Vocês têm a sala por muito tempo?
FRANCISCO: Não.
ANABELA: Talvez vocês não precisem realmente da sala. Vocês poderiam continuar no *hall*. Daniel e eu, nós temos tanto trabalho... (*A Daniel.*) Venha.

Ela toma posse do palco. Daniel pega-a pelo braço e a arrasta em direção à saída.

DANIEL: Desta vez, você vem.
ANABELA: Mas o que é que eles têm, o que é que vocês todos têm?

Pausa.

SARA: Mesmo assim ele participava dos combates?

FRANCISCO: Ele tinha aceitado ser soldado. Não podia se recusar a combater.
SARA: Um combate sujo, numa guerra suja.
FRANCISCO: Ele queria ser um soldado da paz. Ele trabalhava na preparação das eleições livres para uma Argélia independente.
SARA: Ele estava trabalhando no combate errado.
FRANCISCO: No combate talvez, mas não no objetivo.
SARA: Sempre o seu ideal de pacifista e as suas deploráveis ilusões de cristão.

Ela se precipita em lágrimas.

FRANCISCO: Bernardo a amava, Sara. Sempre achou que reencontraria a senhorita. Nunca fez nada que pudesse fazer com que a senhorita o repreendesse.
SARA: Ele cancelou o seu afastamento. Aceitou lutar contra os argelinos.
FRANCISCO: Ele não queria senão a volta da paz, o diálogo com os argelinos.
SARA: É mentira. Ele era culpado na medida em que era soldado.
FRANCISCO: Não, Sara, e a senhorita sabe bem disso.
SARA: Não tenho o direito de escutá-lo, não tenho o direito.

Ela sai. Ele fica. Suzana aparece.

SUZANA: Ao passar por mim, ela disse: "Vocês dois, vocês me mataram pela segunda vez". O que fez, senhor Francisco?
FRANCISCO: A senhorita quis que nós dois conversássemos. Está feito.

Quarta Jornada
Quarta-feira, 8 de junho de 1960:

O Grande Dia

1. OS BASTIDORES DO CONCURSO

Algazarra nos bastidores que sucede, no escuro e sem transição, às últimas réplicas de Suzana e Francisco:

CATARINA: "Você me empresta seu pó facial?" – VIVIANE: "Onde eu coloquei meus cílios falsos?" – BRANCA: "Cuidado com a cauda de meu vestido!" – HENRIQUE EMANUEL: "Ainda uma espinha, minha velha!" – ANABELA: "Onde?" – HENRIQUE EMANUEL: "Na parte esquerda do teu nariz". –ANABELA: "É muita sorte minha". – MIGUEL: "… é a primavera". – SUZANA: "Onde eu coloquei meu sutiã?" – VIVIANE: "Você consegue puxar meu zíper?" – LUÍSA: "Droga, mais creme". – JOÃO PAULO: "Como vou tirar minha maquiagem?" – MIGUEL: "Fique assim, você me dá medo".

Enquanto isso, Anabela faz seus exercícios: "Ba be bi bo bu – da de di do du…"
  A luz sobe. Anabela e Daniel fazem exercícios de articulação: "A graciosa gralha, com grinalda engraçada, e o ganso engravatado de galocha engraxada, grasnando pelos gramados, trocam abraços apaixonados"; "O tigre no trilho do trem, sofria

tremendo de frio. Trincava as presas e grunhia, fugindo pra gruta sombria..."[1]

Nos bastidores, duas mesas improvisadas para maquiagem, com espelho e uma pequena lâmpada. No chão, roupas comuns e figurinos da peça misturados, cadernos, acessórios, sapatos sem par dentre os quais um coturno. De costas um para o outro, Anabela e Daniel se maquiam. Os dois candidatos vestem roupas contemporâneas. Eles vão apresentar Une Grande fille toute simple (*Uma Grande Moça muito Simplória*).

ANABELA: Mais azul nas pálpebras. Tome cuidado, Luísa, você está me machucando.
LUÍSA: Desculpe. Você não para de se mexer.
JEAN-JACQUES: Você deveria pedir para a Eleonora. Ela é maravilhosa.
ANABELA: Já pedi. Ela tinha prometido ao Roberto de maquiá-lo no Buttes-Chaumont.
LUÍSA: Tchau, Anabela. Vou embora. Você está engraçadinha com o rosto dividido em dois. Está parecendo uma transformista: a Anabela Fregoli.
ANABELA: Volte, Luísa. Volte. É o nervosismo. Você vai ver quando estiver no terceiro ano. (*Luísa retorna.*) Você é um anjo. Tenho bombons para você.

2. A VOLTA DOS CANDIDATOS

Entram Catarina e Miguel.

LUÍSA: Foi bem, Catarina?
CATARINA: Razoavelmente.
MIGUEL: Ela é muito modesta. Você percebeu o silêncio na sala?
CATARINA: Isso não prova nada. Aqui, não é o público que a gente tem que convencer, são os examinadores, e *Tchin-Tchin* de Billetdoux, eles não vão gostar disso.

---

1 O exercício original no francês é intraduzível para o português: *"Dis-moi gros-gras-grand-grain-d'orge quand te dé-gros-gras-grand-grain-d'orgeras-tu? Je me dé-gros-gras-grand-grain-d'orgerai quand tous les gros-gras-grands-grains-d'orge se dé-gros-gras-grand-grain-d'orgeront..."*. Optou-se por substituí-lo pelo equivalente em português (N. da T.).

DANIEL: Por que você diz isso? O Billetdoux é legal.
JEAN-JACQUES (*espantado*): Você conhece o Billetdoux?
DANIEL: Ele acaba de sair para mim também. Eu não conheço senão o Montherlant.
ANABELA: Billetdoux. Que nome bonito! Este senhor teria um personagem para mim?
DANIEL: Pergunte direto para ele, que atua todas as noites no Poche.
ANABELA: É o Avarento. Apresse-se, Luísa.
LUÍSA: Você vai ganhar o teu primeiro prêmio...
CATARINA: Veja você. Três anos. Já terminou. Nem vi o tempo passar. Para você, Miguel, ainda falta um ano. Não o desperdice com *Os Velhinhos* do diretor, mesmo que eles se comportem.
MIGUEL: Eu aceito, mas não me entrego. Não se preocupe comigo. Você está entrando no CDE?
ANABELA: No CDE?
MIGUEL: No Centro Dramático do Leste em Colmar.
ANABELA: Eu, na província... (*Agora Catarina, já trocada, leva Miguel para um canto afastado e lhe fala em voz baixa.*) Cuidado com meu robe, Catarina. Você está sentada em cima.
CATARINA: Desculpe. (*Pausa.*) O CDE, sim. Lá vou reencontrar o Felipe e haverá dois papéis para mim ao longo da temporada: *Bettine* (Betina), de Musset, e a jovem em *La Visite de la vieille dame* (A Visita da Velha Senhora) do Dürrenmatt.
MIGUEL: Magnífico. Com certeza você merece, Catarina.
CATARINA: Acho que estou grávida. Do Felipe. Três meses.
MIGUEL: Você vai falar para ele?
CATARINA: Acho que não.
MIGUEL: Pense bem. Uma temporada no CDE, isso não é nada. Isso te abrirá portas.

João Paulo entra vestido de Aquiles neogrego, de saia curta e sandálias leves de couro. Branca está vestida como ele.

JOÃO PAULO: Merda de merda! Que ideia a minha de ir buscar *Une Fille pour du vent* (Uma Filha em Troca do Vento)... para um fiasco, isso sim. E além disso, não ganhei nem um centésimo de rublo!
BRANCA (*sem grande convicção*): Eles reagiram bem.

JOÃO PAULO: Sim, só porque você quer. Não pararam de rir. Em drama, isso é surpreendente.

BRANCA: Há toques de comédia na peça do Obey, eu sempre te disse isso.

JOÃO PAULO: De comédia talvez. Mas quando sou eu quem está interpretando Aquiles, pode-se falar de farsa, Branca, de uma enorme farsa, de uma enorme dimensão ridícula, de uma *Hellzapoppin*[2] dos gregos. Não fique chateada, Branca. Obrigado assim mesmo. Mas receio não ter feito um favor a você ao pedir para me ajudar nesta *Iphigénie* (Ifigênia).

BRANCA: Para mim, a experiência foi magnífica. No primeiro ano, o que você tem de melhor? Foi muito elegante você ter me proposto isso.

CATARINA: Você é um verdadeiro ator, João Paulo. O problema é que não tem o perfil da casa. Com relação ao concurso, você não pode fazer nada. O futuro é longo.

MIGUEL: Mas a vida é curta. O que não impede da gente ficar chateado.

JOÃO PAULO: Não nos falamos muito neste ano, Catarina.

Ele a abraça.

CATARINA (*rindo, diz a João Paulo*): Cuidado, você está estragando a minha maquiagem. (*A Miguel.*) Você vem comigo? Estou com vontade de caminhar. Depois voltamos para pegar os resultados.

MIGUEL (*a João Paulo*): Catarina tem razão, você é um ator, um verdadeiro ator. Mas foi aqui entre nós, João Paulo, naquela homenagem ao Bernardo, que você mereceu o primeiro prêmio.

JOÃO PAULO: Você também. Você mereceu um primeiro prêmio: concepção, direção e atuação.

MIGUEL: Nós dois, igualmente. Tenho certeza que Bernardo, esteja onde estiver, está rindo agora.

---

2   Musical da Broadway de 1938, de John "Ole" Olsen e Harold "Chic" Johnson, encenado de 1938 a 1941: continuamente reescrito, de atmosfera circense, composto de esquetes e *gags* (na abertura mostrava Hitler discursando com acento ídiche), foi adaptado para o cinema em 1941, com direção de H. C. Porter (Universal Pictures) e os mesmos autores no seu elenco (N. da T.).

Miguel sai logo em seguida a Catarina.

JEAN-JACQUES: Eu te disse, João Paulo, a tragédia não é para você.
JOÃO PAULO: Nem para mim e muito menos para Anabela. Vocês se divertiram às minhas custas.
JEAN-JACQUES: Espere pelo menos os resultados em comédia clássica. O teu Fígaro não estava mau junto com o Henrique Emanuel como Almaviva.
HENRIQUE EMANUEL: Nada mau? Excepcional, você quer dizer!
JOÃO PAULO: Você é quem está dizendo. Um segundo lugar, talvez. Com isso, quem é que vai me dar trabalho?
VIVIANE: Comece a procurar. Você tem jeito para cinema. Aproveite teu último ano de prorrogação.
JOÃO PAULO: Para fazer o quê? De qualquer jeito, tenho que partir imediatamente para o exército. Isso sim vai ser uma boa coisa a fazer, como diz minha mãe.
HENRIQUE EMANUEL: Talvez a guerra acabe. Hoje de manhã mesmo, no Palácio dos Elysée, de Gaulle recebeu Si Salah, o negociador da FLN.
JOÃO PAULO: Você acredita nisso?
JEAN-JACQUES (*a Anabela e Daniel*): Bom, crianças, eu não quero apressá-las, mas até logo para vocês. Vou procurar meu balcão, perto dos examinadores.

Ele sai.

3. QUESTÕES DO FUTURO

Anabela vai para os bastidores. Ela hesita. Faz meia volta.

ANABELA: Me liga, João Paulo. Você está enganado. Eu jamais iria ridicularizar você.
JOÃO PAULO: Você sempre gostou "muito" de mim.
ANABELA: É mais do que isso.
JOÃO PAULO: Ele é um bom rapaz, o motorista de madame.
ANABELA: Não vou te esquecer nunca, João Paulo.
JOÃO PAULO: Agora, a gorjeta.

ANABELA: Francamente, você consegue se ver à mesa na casa dos meus pais? Ou me esperando nos corredores do Richelieu depois da representação?
JOÃO PAULO: Sim. Se eles me contratarem, também eu.

Ela o beija na face.

DANIEL: Tua maquiagem, Anabela.
ANABELA: Venha, estamos atrasados.
DANIEL (*passando por Viviane*): "Para Moscou! Para Moscou!"

Anabela e Daniel saem.

JOÃO PAULO (*a Viviane, Branca, Luísa e Henrique Emanuel*): Como vão elas, *As Três Irmãs*?
VIVIANE: Bem. Desistimos de nossas férias. Talvez a gente tenha possibilidade num festival em setembro, em Cholet, na casa da Luísa.
JOÃO PAULO (*a Luísa*): A pequena é muito aplicada.
BRANCA: Para alguém que não sabia nada...
JOÃO PAULO (*a Branca*): ...E você, para alguém que duvidava de tudo, você também não se saiu mal.

Sara entrou muito tranquila com Suzana. Ela veste uma blusa cinza neutro e sem forma de Electra. Suas meias caem sobre seus velhos sapatos. Suzana está vestida como Crisótemis, com um vestidinho claro. Sem uma palavra, Sara vai tirar a maquiagem; lentamente, Suzana chega à sua mesa de maquiagem.

LUÍSA: Já acabou, a *Electra*?
TODOS: Já?

Todos olham para Sara.

LUÍSA: Eu dava tudo só para ver vocês passarem, eu que nem tive tempo de chegar.
VIVIANE: Quando o diretor toca tão depressa o sino, na maioria das vezes é bom sinal.
SUZANA: Acho que é isso, você não acha, Sara?

Pausa.

LUÍSA (*a João Paulo*): Você ficaria muito bem fazendo o Kouliguine, o marido da Macha.
BRANCA: Sou eu quem vai representar a Macha. Você, como meu marido, preciso ver se quero.
VIVIANE: O que você me diz disso, João Paulo?
JOÃO PAULO: Eu gostaria muito, mas não posso largar o hotel, sobretudo neste momento. Todos vocês quatro estão fazendo o que eu devia fazer quando ingressei aqui. O Bernardo, já no segundo ano, tinha me falado alguma coisa desse gênero com as tragédias de Púchkin. Mas não dei ouvidos a ele. Eu queria o primeiro prêmio. Azar. Vamos. Eu pago uma bebida para vocês.
HENRIQUE EMANUEL: Não, eu é que pago. Acabo de completar dois meses de figuração como aluno estagiário no Francês com Labiche. Eles pagam bem.
JOÃO PAULO: Então, agora vai para a segunda turnê, a segunda. Tenho vontade de me mudar antes dos resultados. (*A Sara e Suzana.*) Adeus, siamesas. O que eu vi da *Electra* com o Goupil é alguma coisa fora do comum, podem acreditar. A gente não esquecerá de Bernardo e de você, Sara.

Todos saem, exceto Henrique Emanuel.

HENRIQUE EMANUEL (*a Sara*): Gostaria de um dia encontrar uma moça como você. O Bernardo tinha sorte.
SARA: Eu também.

Sara e Suzana ficam sozinhas. Elas continuam a tirar a maquiagem e depois a trocar de roupa em silêncio, como se tivessem que compartilhar um vergonhoso segredo.

4. A DECISÃO DE SARA

SUZANA: E agora?
SARA: Agora?
SUZANA: O que você vai fazer?
SARA: O Henrique Emanuel me fez pensar no que o Bernardo disse no dia em que nós dois entramos: "Se ousarmos não pretender nada, se soubermos não nos transformar senão apenas em olhar e escuta puros, a vida verdadeira poderia então nos atravessar como se atravessasse um espelho sem reflexo, e daí então ela se revelará como aquilo que é". Os primeiros anos são tão fervorosos, tão intensos, que quase chegam a fazer com que o mundo pareça encantado.
SUZANA: O que você vai fazer?
SARA: Não sei. (*Pausa.*) "Eu tenho vinte anos e não permitirei que ninguém diga que é a mais bela idade da vida." O Bernardo citava muitas vezes esta frase do Nizan, em *Aden, Arabia*[3]. Tudo em Nizan o fascinava: o ingresso na Escola Normal Superior, o diploma universitário de filosofia, a amizade inicial com Sartre e Aron, a fuga para Aden seguindo os passos de Rimbaud, a recusa em ensinar, a escritura, os primeiros romances, o ingresso no partido comunista e sua ruptura com ele no dia seguinte ao do pacto germano-soviético de 1939. Depois, com Louis Aragon[4] em mente, a hostilidade dos antigos camaradas, a sua morte na frente de batalha durante os primeiros dias da guerra, no começo do outono de 1939. Tinha 34 anos. Semelhante vida parecia exemplar para Bernardo. O destino do Nizan condensava tudo aquilo que uma geração pensava. O Bernardo invejava a pureza e a impaciência dele.
SUZANA: O Bernanrdo também gostava de se divertir. Nos fazia rir quando cantava o Boris Vian. (*Ela canta.*) "Eu sou esnobe. É realmente o único vício em que acredito." Você se lembra de quando ele nos fazia trabalhar com *Mon oncle déglingué au Connecticut* (Meu Tio Arruinado em Connecticut) de Salinger?

---

3 Nesta obra, o autor, o filósofo Paul Nizan, mergulha de corpo e alma em uma viagem à Arábia, na verdade uma viagem de autoconhecimento (N. da T.).
4 Louis Aragon (1897-1982): escritor francês que iniciou sua carreira literária ainda muito jovem. Em 1927 ingressa no partido comunista francês do qual fez parte durante muitos anos. Dentre suas obras destacam-se *Les Lettres françaises* (As Cartas Francesas) e *Pour un réalisme socialiste* (Por um Realismo Socialista) (N. da T.).

SARA: *Meu Tio Arruinado em Connecticut...* Jean-Jacques veria esse trabalho como nada mais além de um aperitivo...

Ela sorri. Pausa.

SUZANA: O que é que você vai fazer? (*Silêncio.*) Você não vai parar com o teatro, vai?
SARA: Mais tarde vejo isso.
SUZANA: E neste momento, agora?
SARA: Vou dar uma parada.
SUZANA: Qual a vantagem? (*Sara não responde.*) Qual a vantagem?
SARA: O Bernardo tinha se alistado. Agora chegou a minha vez.
SUZANA: Você vai para o exército?
SARA: Se for o caso.
SUZANA: Com as mesmas ideias que o Bernardo?
SARA: Se eu bem entendi o Francisco, de uma certa forma sim. Mas com menos ilusões.
SUZANA: Você está pensando em chegar à FLN?
SARA: Penso. Ao menos aqui na metrópole.
SUZANA: Você já pegou os contatos?
SARA: Esta semana.
SUZANA: Enquanto nós ensaiávamos *Fedra* e *Electra*?
SARA: Sim. Eles se abriram comigo.
SUZANA: Você não me falou nada.
SARA: Eu não tinha o direito. Eu nunca tenho.
SUZANA: Você vai deixar Paris?
SARA: Isso acontecerá com missões curtas. Amanhã, por exemplo.
SUZANA: Amanhã! Onde?

Sara não responde. Elas estão sem maquiagem. Começam a trocar de roupa, quando aparecem Anabela e Daniel, seguidos de perto por Jean-Jacques.

JEAN-JACQUES: Maravilhosa, Anabela. Você esteve maravilhosa. Você também, Daniel.
ANABELA: Eu me sentia sem energia, sem reação.
JEAN-JACQUES: Exatamente. Você demonstrava o contrário. Nenhum nervosismo. Calma e controle.
ANABELA: É a sua opinião, Daniel?

DANIEL: Você sabe, quando atuo não sei avaliar os meus parceiros. Digamos que eu te sentia bem.
ANABELA: Se você está dizendo. Você não viu ninguém, Jean-Jacques?
JEAN-JACQUES: Sim, ao deixar o camarote vi os membros da banca examinadora se reunindo na sala de deliberações. Michelina e Jacques me deram uma piscadela de olho. E o diretor me deu um aperto de mão. Está ganho, para todos os dois.
ANABELA: Você realmente acha isso?
JEAN-JACQUES: Vocês verão.
ANABELA: Se for o caso, nós ficaremos te devendo uma. Não é Daniel?
DANIEL: Sim, certamente.
ANABELA (*em lágrimas repentinas*): Ó, meu Jean-Jacques, meu Jean-Jacques, eu te adoro. Eu fiz tantos sacrifícios até chegar aqui.

Ela soluça nos braços de Jean-Jacques.

JEAN-JACQUES: A gente vai conversar, Anabela.
ANABELA: Infelizmente, eu costumo ser assim.
JEAN-JACQUES: Você é atraente dessa maneira.
ANABELA: Não tenho forças para me trocar. Vamos sair, um ar fresco nos fará bem. Você vem, Daniel.
DANIEL (*ele tira a maquiagem calmamente; acaba de se trocar*): Acho que não.
JEAN-JACQUES: Como?
DANIEL: Eu acho que não.
JEAN-JACQUES: Você parece não estar bem. Cansado?
DANIEL: Um pouco, talvez.
JEAN-JACQUES: Amanhã ou depois de amanhã, quando você tiver assinado teu contrato, você não sentirá mais nada.
ANABELA: A assinatura do contrato, Daniel, você se dá conta disso? Conte-nos, Jean-Jacques. Quem estará lá? O diretor, você, claro, e certamente outros atores?
JEAN-JACQUES: Certamente! Talvez até mesmo o decano.
ANABELA: Como devo me vestir? Um vestidinho muito simples, não é? O Daniel e eu assinaremos juntos?
DANIEL: Seja com você ou sem você, Anabela, não vou assinar o contrato.

JEAN-JACQUES: O contrato está pronto, estou te dizendo.
DANIEL: Já assinei contrato com um jovem cineasta. Ele não tem nenhum tostão até agora. Mas seu roteiro é apaixonante, e eu já vi dois de seus curtas-metragens.
JEAN-JACQUES: Esse trabalho não é incompatível. Veja o Roberto.
DANIEL: Veja você os filmes dele.
JEAN-JACQUES: Estou com a impressão de ter sido passado para trás, Daniel. Dei tudo que podia a você e agora você me descarta.
DANIEL: Eu não passei você para trás. Eu te devo muito. Eu simplesmente refleti muito nestas últimas semanas.
ANABELA: Refletiu?
DANIEL: Pensei no Bernardo. Sim, Sara, em você e no Bernardo. Eu invejei a intransigência de vocês. De repente, eu avaliei o quanto o teatro pode acarretar de mentiras com relação a si mesmo e aos outros caso a gente fique, como aqui, confinado no seu casulo.

Durante este diálogo, Francisco entrou.

JEAN-JACQUES: Você ainda está sob o baque da morte do Bernardo. Ela deixou todos nós desamparados, é claro. Mas é preciso superar a morte dele. Vou te ajudar.
DANIEL (*a Jean-Jacques e Anabela*): Desculpem-me vocês dois. Tenho um encontro com o Carlos.
JEAN-JACQUES: Carlos?
DANIEL: O meu jovem cineasta. Vocês depois me contam sobre os resultados. Adeus, Francisco, até qualquer dia, com o mesmo uniforme, quem sabe?

Ele beija Sara e Suzana e sai. Jean-Jacques, após um momento de hesitação, sai em seguida.

ANABELA: Veja, senhor Francisco, a gente gostava muito do Bernardo e gostamos muito do senhor. Mas num dia como hoje, não se deve ficar mofando nos bastidores. Além disso, de uniforme. O teatro não tem nada a ver com a guerra. E não tem nada a ver até com as banalidades da vida. O teatro é a vida, mas a vida verdadeira, que nós queremos que seja radiante, a única que nós queremos. Depois que o senhor nos anunciou a morte do Bernardo, tudo aqui se desorganizou. Todo mundo perdeu a cabeça. O próprio Daniel. Só que o luto não se dá bem com o teatro e eu não quero ser a viúva de ninguém. Sendo assim, não é preciso continuar aqui, o senhor me entende. O senhor já não fez mal demais?

Ela sai.

SUZANA (*a Francisco*): O senhor não respondeu nada a ela? (*Francisco não responde. Ela se dirige a Sara.*) Você também não?
SARA (*a Francisco*): O senhor estava na plateia?
FRANCISCO: Sim. Eu vi a senhorita interromper sua cena e abandonar o teatro. Somente quando eu vi a reação de Suzana é que compreendi que alguma coisa estava acontecendo. (*A Suzana.*) A senhorita abriu a boca como se lhe estivesse faltando ar, começou a fazer uma espécie de reverência e depois desapareceu correndo. Estava muito engraçado.
SUZANA: Certamente. Até o público explodiu de rir quando fui atrás dela. (*A Sara.*) O que é que deu em você?
SARA: Um sentimento de ridículo repentino.
SUZANA: Mas você voltou determinada a passar nesses concursos, não estou sonhando. Quando o Bernardo partiu, você tinha decidido não mudar nada no teu trabalho. E quando o Francisco contou sobre a morte dele, você decidiu que ia continuar, que ia ser mais forte que essa morte, que, pelo contrário, você ia continuar contra tudo e contra todos.
SARA: Eu me superestimei. Se eu tivesse interpretado um papel verdadeiro, num palco verdadeiro, diante de um público real, talvez eu tivesse encontrado forças. Mas lá, naquela hora, nada mais tinha sentido. Eu me lembrei das palavras de Hofmannsthal: "O ator gera uma suspeita sobre a imensa mistura que, debaixo da máscara do eu, irá se tornar um personagem. O ator faz ressoar o que está escondido no silêncio, ele repentinamente torna presente aquilo que é remoto..." E ainda: "O ator deve fazer com que as figuras dramáticas cresçam para além delas mesmas, até que adquiram uma dimensão gigantesca, como podem fazê-lo os mortais em certos momentos". Eu realmente não tinha mais forças.

SUZANA: "Não é preciso compreender, é preciso desvanecer-se." Você se lembra do Goupil citando o Claudel, Sara?
SARA: Atualmente eu não quero mais me desvanecer. Quero compreender.

Surge Viviane trazendo uma maquete como se fosse um santo sacramento. Ela é seguida à distância por Branca, Luísa e Henrique Emanuel.

VIVIANE: Desculpe. Bom dia, Francisco. Estou perturbando o senhor?
FRANCISCO: Não. Pelo contrário.
SARA: Podemos fazer alguma coisa por você, Viviane?
VIVIANE: Eu soube nos corredores sobre a tua cena e fiquei desolada. Mas eu disse a mim mesma que, talvez, agora, liberada dos concursos, você poderia representar a Olga em *As Três Irmãs*. Como o Henrique Emanuel deu a entender, a Suzana poderia interpretar a Natália. Quanto à Olga, eu a tinha distribuído a mim mesma mais para ver como evolui o projeto, mas provavelmente vou ficar muito sobrecarregada com a encenação.
SARA: É a maquete?
VIVIANE: Sim. O que você acha dela?
SARA: Está muito boa a tua maquete, Viviane. Eu teria ficado feliz em trabalhar com você, mas tenho que sair de Paris momentaneamente.
VIVIANE: Paris? Mas não do teatro, não é?
SARA: Não. Do teatro não.
VIVIANE: Fiquei com medo (*pausa.*) E você, Suzana?
SUZANA: Eu fico. A gente terá tempo de conversar sobre a Natália.
VIVIANE: Então, adeus a todos os três. O senhor irá embora, senhor Francisco?
FRANCISCO: Sim, em breve.
VIVIANE: Lembraremos do senhor.
LUÍSA: Frequentemente.
FRANCISCO: Obrigado.

Viviane, Branca, Luísa, Henrique Emanuel saem.

SUZANA: Ontem, no entanto, você não queria saber de clássico.
SARA: Sim, porque eu ainda não tinha novidades.
SUZANA: Novidades?
SARA: Para fazer a missão.
FRANCISCO: A senhorita parte em missão?
SARA (*saindo*): Missão é uma grande palavra. Suzana lhe explicará. Tenho que ir.
SUZANA (*a Sara, que está perto da saída*): É Sara quem tem que se explicar. (*Sara para.*) Não há ninguém a não ser você que possa fazê-lo. (*A Francisco.*) Os examinadores devem estar terminando agora. Não quero perder os resultados. A gente se revê em breve, Francisco. Poderíamos beber alguma coisa. Comer uma pizza.
FRANCISCO: Acho que não. Eles devem ir me procurar no hospital. Eu saí à inglesa. E amanhã, volto para o meu posto.
SUZANA: É amanhã? O senhor tinha dito "até logo" a Viviane.
SARA: É verdade.
FRANCISCO (*após uma pausa*): Eu parto amanhã. Primeiramente, vou passar dois dias na casa de meus pais. Eles são vinicultores em Gaillac. E depois vou ver minha noiva.
SUZANA: Sua noiva.
FRANCISCO: Sim, vamos nos casar na minha volta. Ela leciona no mesmo colégio que eu. Ela se preocupa de forma excessiva. E seus pais também, é claro.
SUZANA: O senhor permite que eu lhe escreva?
FRANCISCO: Para posta-restante, se a senhorita quiser.
SUZANA: Posta-restante, eu nunca entendi direito o que é isso. Vou lhe deixar o meu endereço. Caso o senhor tenha necessidade do que quer que seja: Suzana Krief, Bulevar Voltaire, 210, 11º Bairro, Paris. Fica a dois passos da estação Charonne do Metrô.
FRANCISCO: Está anotado.
SUZANA: Bem, então adeus. Cuide-se.
FRANCISCO: A senhorita também, Suzana. A senhorita em breve estará no palco.
SUZANA: O senhor me viu por tão pouco tempo.
SARA: Esta noite, na tua casa.
SUZANA: Você quer dizer na nossa casa. (*A Francisco.*) Depois que Sara deixou Bernardo, passamos a dividir o aluguel. (*Ela está*

quase saindo, mas volta e beija Francisco.) Sua noiva merece muito que eu a deixe um pouco enciumada.

Suzana sai.

SARA: Adeus, Francisco.
FRANCISCO: Qual é a sua missão?
SARA: Cada um com sua guerra. Quando chegar a minha vez, vou me alistar do lado dos meus.
FRANCISCO: Entendo. Poderia escrever-lhe eventualmente?
SARA: Lá para onde vou acho que não existe posta-restante.
FRANCISCO: Revejo a senhorita na minha volta, então?
SARA: A guerra não o permitirá.
FRANCISCO: O Bernardo não pode ter morrido em vão. Esta guerra vai acabar e vamos nos ver no final.
SARA: Boa sorte, Francisco.
FRANCISCO: Vá com Deus, Sara.

Eles trocam um aperto de mão. Sara, com sua mochila no ombro, sai. Francisco, por alguns instantes, fica sozinho na sala vazia, enquanto uma campainha chama o público para o anúncio da lista dos aprovados no concurso.

Fim.

Nota

Depois foi criada em abril de 2001, no Conservatório Nacional Superior de Arte Dramática, com Olivier Augrond (João Paulo), Rachilda Brakni (Sara), Anne-Catherine Chagrot, depois Odile Grosset-Grange* (Viviane), Delphin (Daniel), Margot Faure (Suzana), Florian Goetz, depois Dimitri Rataud* (Henrique Emanuel), Grégory Le Moigne (Jean-Jacques), Jérôme Perrot (Francisco), Caroline Piette (Catarina), Pascal Rénéric (Miguel), Anne Saubost (Luísa), Judith Siboni (Branca), Hyam Zaytoun (Anabela). Figurino e cenografia de Marc Lainé.

A peça deu origem a um filme, rodado em junho de 2001 e realizado por Jean-Philippe Puymartin.

* No filme baseado na peça.

TEATRO NA PERSPECTIVA

O Sentido e a Máscara
  Gerd A. Bornheim (D008)
A Tragédia Grega
  Albin Lesky (D032)
Maiakóvski e o Teatro de Vanguarda
  Angelo M. Ripellino (D042)
O Teatro e sua Realidade
  Bernard Dort (D127)
Semiologia do Teatro
  J. Guinsburg, J. T. Coelho Netto e Reni C. Cardoso (orgs.) (D138)
Teatro Moderno
  Anatol Rosenfeld (D153)
O Teatro Ontem e Hoje
  Célia Berrettini (D166)
Oficina: Do Teatro ao Te-Ato
  Armando Sérgio da Silva (D175)
O Mito e o Herói no Moderno Teatro Brasileiro
  Anatol Rosenfeld (D179)
Natureza e Sentido da Improvisação Teatral
  Sandra Chacra (D183)
Jogos Teatrais
  Ingrid D. Koudela (D189)
Stanislávski e o Teatro de Arte de Moscou
  J. Guinsburg (D192)
O Teatro Épico
  Anatol Rosenfeld (D193)
Exercício Findo
  Décio de Almeida Prado (D199)
O Teatro Brasileiro Moderno
  Décio de Almeida Prado (D211)
Qorpo-Santo: Surrealismo ou Absurdo?
  Eudinyr Fraga (D212)
Performance como Linguagem
  Renato Cohen (D219)
Grupo Macunaíma: Carnavalização e Mito
  David George (D230)

Bunraku: Um Teatro de Bonecos
  Sakae M. Giroux e Tae Suzuki (D241)
No Reino da Desigualdade
  Maria Lúcia de Souza B. Pupo (D244)
A Arte do Ator
  Richard Boleslavski (D246)
Um Vôo Brechtiano
  Ingrid D. Koudela (D248)
Prismas do Teatro
  Anatol Rosenfeld (D256)
Teatro de Anchieta a Alencar
  Décio de Almeida Prado (D261)
A Cena em Sombras
  Leda Maria Martins (D267)
Texto e Jogo
  Ingrid D. Koudela (D271)
O Drama Romântico Brasileiro
  Décio de Almeida Prado (D273)
Para Trás e Para Frente
  David Ball (D278)
Brecht na Pós-Modernidade
  Ingrid D. Koudela (D281)
O Teatro É Necessário?
  Denis Guénoun (D298)
O Teatro do Corpo Manifesto: Teatro Físico
  Lúcia Romano (D301)
O Melodrama
  Jean-Marie Thomasseau (D303)
Teatro com Meninos e Meninas de Rua
  Marcia Pompeo Nogueira (D312)
O Pós-Dramático: Um conceito Operativo?
  J. Guinsburg e Sílvia Fernandes (orgs.) (D314)
João Caetano
  Décio de Almeida Prado (E011)
Mestres do Teatro I
  John Gassner (E036)

Mestres do Teatro II
  John Gassner (E048)
Artaud e o Teatro
  Alain Virmaux (E058)
Improvisação para o Teatro
  Viola Spolin (E062)
Jogo, Teatro & Pensamento
  Richard Courtney (E076)
Teatro: Leste & Oeste
  Leonard C. Pronko (E080)
Uma Atriz: Cacilda Becker
  Nanci Fernandes e Maria T. Vargas (orgs.) (E086)
TBC: Crônica de um Sonho
  Alberto Guzik (E090)
Os Processos Criativos de Robert Wilson
  Luiz Roberto Galizia (E091)
Nelson Rodrigues: Dramaturgia e Encenações
  Sábato Magaldi (E098)
José de Alencar e o Teatro
  João Roberto Faria (E100)
Sobre o Trabalho do Ator
  M. Meiches e S. Fernandes (E103)
Arthur de Azevedo: A Palavra e o Riso
  Antonio Martins (E107)
O Texto no Teatro
  Sábato Magaldi (E111)
Teatro da Militância
  Silvana Garcia (E113)
Brecht: Um Jogo de Aprendizagem
  Ingrid D. Koudela (E117)
O Ator no Século XX
  Odette Aslan (E119)
Zeami: Cena e Pensamento Nô
  Sakae M. Giroux (E122)
Um Teatro da Mulher
  Elza Cunha de Vincenzo (E127)
Concerto Barroco às Óperas do Judeu
  Francisco Maciel Silveira (E131)
Os Teatros Bunraku e Kabuki: Uma Visada Barroca
  Darci Kusano (E133)
O Teatro Realista no Brasil: 1855-1865
  João Roberto Faria (E136)
Antunes Filho e a Dimensão Utópica
  Sebastião Milaré (E140)
O Truque e a Alma
  Angelo Maria Ripellino (E145)
A Procura da Lucidez em Artaud
  Vera Lúcia Felício (E148)
Memória e Invenção: Gerald Thomas em Cena
  Sílvia Fernandes (E149)
O Inspetor Geral de Gógol/Meyerhold
  Arlete Cavaliere (E151)
O Teatro de Heiner Müller
  Ruth C. de O. Röhl (E152)

Falando de Shakespeare
  Barbara Heliodora (E155)
Moderna Dramaturgia Brasileira
  Sábato Magaldi (E159)
Work in Progress na Cena Contemporânea
  Renato Cohen (E162)
Stanislávski, Meierhold e Cia
  J. Guinsburg (E170)
Apresentação do Teatro Brasileiro Moderno
  Décio de Almeida Prado (E172)
Da Cena em Cena
  J. Guinsburg (E175)
O Ator Compositor
  Matteo Bonfitto (E177)
Ruggero Jacobbi
  Berenice Raulino (E182)
Papel do Corpo no Corpo do Ator
  Sônia Machado Azevedo (E184)
O Teatro em Progresso
  Décio de Almeida Prado (E185)
Édipo em Tebas
  Bernard Knox (E186)
Depois do Espetáculo
  Sábato Magaldi (E192)
Em Busca da Brasilidade
  Claudia Braga (E194)
A Análise dos Espetáculos
  Patrice Pavis (E196)
As Máscaras Mutáveis do Buda Dourado
  Mark Olsen (E207)
Crítica da Razão Teatral
  Alessandra Vannucci (E211)
Caos e Dramaturgia
  Rubens Rewald (E213)
Para Ler o Teatro
  Anne Ubersfeld (E217)
Entre o Mediterrâneo e o Atlântico
  Maria Lúcia de S. B. Pupo (E220)
Yukio Mishima: O Homem de Teatro e de Cinema
  Darci Kusano (E225)
O Teatro da Natureza
  Marta Metzler (E226)
Margem e Centro
  Ana Lúcia V. de Andrade (E227)
Ibsen e o Novo Sujeito da Modernidade
  Tereza Menezes (E229)
Teatro Sempre
  Sábato Magaldi (E232)
O Ator como Xamã
  Gilberto Icle (E233)
A Terra de Cinzas e Diamantes
  Eugenio Barba (E235)
A Ostra e a Pérola
  Adriana Dantas de Mariz (E237)
A Crítica de um Teatro Crítico
  Rosangela Patriota (E240)
O Teatro no Cruzamento de Culturas
  Patrice Pavis (E247)

Eisenstein Ultrateatral
    Vanessa Teixeira de Oliveira (E249)
Teatro em Foco
    Sábato Magaldi (E252)
A Arte do Ator entre os Séculos XVI e XVIII
    Ana Portich (E254)
O Teatro no Século XVIII
    Renata S. Junqueira e Maria Gloria C. Mazzi (orgs.) (E256)
A Gargalhada de Ulisses
    Cleise Furtado Mendes (E258)
A Cena em Ensaios
    Béatrice Picon-Vallin (E260)
Teatro da Morte
    Tadeusz Kantor (E262)
Escritura Política no Texto Teatral
    Hans-Thies Lehmann (E263)
Na Cena do Dr. Dapertutto
    Maria Thais (E267)
A Cinética do Invisível
    Matteo Bonfitto (E268)
Luigi Pirandello: Um Teatro para Marta Abba
    Martha Ribeiro (E275)
Teatralidades Contemporâneas
    Sílvia Fernandes (E277)
Conversas sobre a Formação do Ator
    Jacques Lassalle e Jean-Loup Rivière (E278)
Do Grotesco e do Sublime
    Victor Hugo (EL05)
O Cenário no Avesso
    Sábato Magaldi (EL10)
A Linguagem de Beckett
    Célia Berrettini (EL23)
Idéia do Teatro
    José Ortega y Gasset (EL25)
O Romance Experimental e o Naturalismo no Teatro
    Emile Zola (EL35)
Duas Farsas: O Embrião do Teatro de Molière
    Célia Berrettini (EL36)
Marta, A Árvore e o Relógio
    Jorge Andrade (T001)
O Dibuk
    Sch. An-Ski (T005)
Leone de'Sommi: Um Judeu no Teatro da Renascença Italiana
    J. Guinsburg (org.) (T008)
Urgência e Ruptura
    Consuelo de Castro (T010)
Pirandello do Teatro no Teatro
    J. Guinsburg (org.) (T011)
Canetti: O Teatro Terrível
    Elias Canetti (T014)
Idéias Teatrais: O Século XIX no Brasil
    João Roberto Faria (T015)
Heiner Müller: O Espanto no Teatro
    Ingrid D. Koudela (Org.) (T016)
Büchner: Na Pena e na Cena
    J. Guinsburg e Ingrid Dormien Koudela (orgs.) (T017)
Teatro Completo
    Renata Pallottini (T018)
Barbara Heliodora: Escritos sobre Teatro
    Claudia Braga (org.) (T020)
Machado de Assis: Do Teatro
    João Roberto Faria (org.) (T023)
Três Tragédias Gregas
    G. de Almeida e T. Vieira (S022)
Édipo Rei de Sófocles
    Trajano Vieira (S031)
As Bacantes de Eurípides
    Trajano Vieira (S036)
Édipo em Colono de Sófocles
    Trajano Vieira (S041)
Agamêmnon de Ésquilo
    Trajano Vieira (S046)
Teatro e Sociedade: Shakespeare
    Guy Boquet (K015)
Eleonora Duse: Vida e Obra
    Giovanni Pontiero (PERS)
Linguagem e Vida
    Antonin Artaud (PERS)
Ninguém se Livra de seus Fantasmas
    Nydia Licia (PERS)
O Cotidiano de uma Lenda
    Cristiane Layher Takeda (PERS)
História Mundial do Teatro
    Margot Berthold (LSC)
O Jogo Teatral no Livro do Diretor
    Viola Spolin (LSC)
Dicionário de Teatro
    Patrice Pavis (LSC)
Dicionário do Teatro Brasileiro: Temas, Formas e Conceitos
    J. Guinsburg, João Roberto Faria e Mariangela Alves de Lima (coords.) (LSC)
Jogos Teatrais: O Fichário de Viola Spolin
    Viola Spolin (LSC)
Br-3
    Teatro da Vertigem (LSC)
Zé
    Fernando Marques (LSC)
Últimos: Comédia Musical em Dois Atos
    Fernando Marques (LSC)
Jogos Teatrais na Sala de Aula
    Viola Spolin (LSC)
Uma Empresa e seus Segredos: Companhia Maria Della Costa
    Tania Brandão (LSC)

Este livro foi impresso na cidade de São Paulo,
nas oficinas da Yangraf Gráfica e Editora Ltda.,
em abril de 2010, para a Editora Perspectiva S.A.